Este libro está dedicado a mis padres, Jack y Hazel,
en reconocimiento al amoroso inicio que le dieron a mi vida,
y también a Mary, la mejor compañera imaginable, que me ofreció
un constante apoyo en todos los aspectos del proceso de escritura.

INTRODUCCIÓN

Un momento crucial en las clases prenatales para padres primerizos que dirijo es cuando consideramos el papel del padre durante el nacimiento. Las respuestas que recibo me revelan que la mayoría de los padres de las personas a las que imparto las clases hicieron muy poco como padres primerizos. En este sentido, ante la pregunta que suelo realizar de: «¿por qué no criáis a vuestros hijos de la misma manera?» La respuesta inmediata es siempre la misma: «las circunstancias han cambiado».

Algunos hombres suelen resaltar el hecho de que su padre hizo una buena labor, a pesar de estar trabajando casi todo el tiempo, pero luego siempre aparece el «pero eso era entonces, ahora los tiempos han cambiado». También son conscientes de la presión que sufren las mujeres durante toda su vida. La frase, «ella me mataría» recoge la idea de que dejar totalmente el cuidado del bebé a la madre no es ya una opción plausible. Normalmente, luego se suele hacer una pausa, y entonces, uno de ellos dice: «...y es que también quiero tener una buena relación con mi hijo». Los demás hombres asienten con la cabeza, o incluso añaden deseos parecidos.

En ese momento, el tono del grupo cambia de manera notable. Las bromas surgen con facilidad, y los hombres empiezan a considerar su paternidad futura con un sentido de propósito. Ya no son tan solo un grupo de hombres que se ven como «ayudantes» de las mujeres que están preparándose para el parto en la habitación contigua. La posibilidad de tener una relación cercana con los futuros bebés es muy importante para ellos. Entonces, la paternidad adquiere un valor que, finalmente, trasciende a las bromas sobre la pérdida de horas de sueño y el olvidarse del sexo. En su lugar, surge el reconocimiento por parte de unos padres que, si lo desean, convertirán esta relación en un fuerte vínculo con sus bebés; y si quieren mantener este vínculo cuando sus hijos sean ya adolescentes, deberán comenzar a fraguarlo a muy temprana edad, tal vez incluso, cuando el bebé aún es un recién nacido.

En el mismo grupo, un segundo «momento de la verdad» aparece más tarde, cuando disertan sobre cuánto tiempo estarán de baja paternal cuando nazca el bebé. La respuesta suele ser «dos semanas». Ante esta respuesta, la pregunta: «¿por qué habéis decidido precisamente esa cantidad de tiempo?», siempre toma a muchos hombres por sorpresa. Algunos contestan que es el tiempo que su empresa les permite, pero para la mayoría de los hombres allí reunidos no hay ninguna razón particular por la que tomar precisamente dos semanas. Muchos incluso se sienten confusos ante la pregunta. Saben que tienen que «estar ahí», pero no tienen mucha idea de lo que deben hacer ni de cómo tratar al bebé. Su idea suele ser «esperar, y ver qué pasa».

Lo que saco en claro de sus respuestas ante esta pregunta sobre el tiempo de baja por paternidad, es que se ha comentado poco, o más bien nada, con la futura madre respecto a lo que tienen que hacer después del parto, y que incluso estos hombres, poseedores de un verdadero deseo de mantener una relación cercana con sus hijos, no tienen ni idea de cómo iniciar un vínculo de conexión.

LA PATERNIDAD ES COSA DE TODOS

Los nuevos padres tienen a su disposición toda la información que necesitan para crear verdaderos vínculos afectivos con sus hijos, si eso es lo que desean. Los progenitores quieren dar de sí lo mejor que tienen; y las madres, quieren a su lado, en este equipo paterno-maternal, a un hombre que esté a la altura de la tarea. Y por supuesto, los hijos, si pudieran elegir, preferirían a un padre con el que puedan mantener una conexión, en lugar de uno inseguro que no sepa cómo crear un vínculo con ellos.

Este libro explora la creación de conexiones entre los padres[1] y sus hijos recién nacidos. Enlaza los descubrimientos realizados sobre el desarrollo del cerebro del bebé, con las evidencias de que los padres influyen de igual manera y con la misma importancia que las madres en el desarrollo de sus hijos. También explica cómo el vínculo entre padre e hijo sucede realmente (y que es algo que el bebé necesita y busca desde el primer día) identificando las principales habilidades necesarias en el proceso. También examina las importantes diferencias entre el padre y la madre, describiendo la manera en la que, por ejemplo, jugar a «las peleitas» entre el padre y sus hijos puede ayudar tanto en el desarrollo del niño como de la niña.

Si vamos más allá, también sugiero cómo los padres pueden alentar la toma de riesgos de una manera que beneficie a los hijos. Si bien el papel específico de los progenitores es el centro del tema, la absoluta necesidad de que tanto el padre como la madre trabajen juntos como un equipo a la hora de criar a sus hijos, también queda bien especificada. Otra cuestión muy importante y que trato en el libro, es el tema del valor de la paternidad; identificando el valor que la sociedad da a los padres (no siendo esta una imagen demasiado bonita) y la manera en la que los padres se subestiman, quitándose toda importancia. Finalmente, también se perfila la imagen sobre los cambios evolutivos que se han dado en la figura del progenitor, con un sorprendente resultado: el que nuestra biología haya evolucionado tanto como para dar a estos padres todo el equipamiento necesario a fin de que puedan formar los más fuertes vínculos con sus hijos.

Richard Fletcher
Universidad de Newcastle, 2011

Capítulo 1

VÍNCULOS: PADRES QUE CONECTAN CON SUS BEBÉS

Si fueras un padre que quisiera crear un vínculo sólido y beneficioso con tu recién nacido, ¿qué tipo de información necesitarías? Probablemente, saber qué es un vínculo y cómo funciona puede ser muy útil, pero tal vez las primeras preguntas a plantearse son: «¿realmente es tan importante ese vínculo?, ¿Encierran los vínculos toda una ciencia, o son solo una moda?» La respuesta es complicada, porque a veces nos da la impresión de que, un año, los padres buscan crear vínculos como locos, y al siguiente, todo es marcar reglas, enseñarle al pequeño quien es el jefe, o cualquier otra nueva forma de actuar. También se presenta la cuestión de si hay un solo tipo de vínculo, o si vienen en paquetes de diferentes tamaños...

En este sentido, surge la duda de cuales son las repercusiones de intentar crear un vínculo. Por ejemplo, imagina que te lanzas y creas una conexión real con el pequeño ¿Quién o qué será lo que dictamine cuales son los resultados y los beneficios de todos esos esfuerzos? Si bien esto no es una garantía segura, al menos debemos tener una idea de qué es lo que se espera de un vínculo paterno-filial y si nos será de utilidad. Finalmente, hay que decir que esto también tiene sus entresijos ¿Cómo se comienza a crear un vínculo? ¿Es una actividad que sale por sí sola, como el besar o el abrazar? ¿Hay que seguir unos pasos concretos? ¿Influirá el número de horas que pases viendo ensayar a tu hijo en la obra de la escuela? Poder acceder a ciertas líneas de procedimiento y a algunas explicaciones claras sobre cómo se supone que debes actuar, puede que ayude a hacer el trabajo de padre mucho más sencillo.

Todos tenemos idea de la conexión que las madres tienen con sus hijos. La mayoría de nosotros hemos podido ver a algún bebé mientras es amamantado, quedando bien clara la relación existente entre ambos. Podemos sentir la intensidad del llanto de un niño que llora por su mamá, y la idea de que entre ellos dos hay un vínculo especial cobra un perfecto sentido ¿Pero qué pasa entre el padre y el bebé? Imaginar los vínculos entre un padre y su hijo nos es un poco más difícil. A pesar de que ahora, existen multitud de anuncios (desde la venta de ordenadores a trajes de ejecutivos) que muestran a hombres jóvenes con bebés en brazos, la intensa conexión entre un padre y un hijo es menos aparente. Asimismo, nuestro entendimiento del proceso que envuelve a ese vínculo, es bastante reciente.

Neurocientíficos, psiquiatras, enfermeras, psicólogos, pediatras, matronas, y una gran cantidad de investigadores han tardado más de medio siglo en darnos una imagen clara de los ingredientes necesarios para crear una conexión efectiva entre un bebé y su madre. Tan solo recientemente se han empezado a investigar los vínculos entre un padre y su bebé, y aún estamos intentando discernir cómo funcionan estos vínculos entre ellos. En cierto sentido, parecen funcionar de manera idéntica a la manera en la que se desarrollan los vínculos entre una madre y su hijo, pero con algunas diferencias.

A medida que la paternidad se va desarrollando, no lo hace de la misma manera que la maternidad. En este capítulo explicaremos el proceso de la vinculación, basándonos en lo que ya sabemos tras las investigaciones realizadas con las madres, aplicables también a los padres. Después, analizaremos los aspectos específicos de la paternidad.

LA IMPORTANCIA DEL VÍNCULO

El reconocimiento de que los bebés necesitan un vínculo especial con la persona que los cuida quedó demostrado con el alto índice de fracasos en los hospitales y orfanatos a la hora de mantener a los bebés vivos. A principios del siglo pasado, hospitales e inclusas empezaron a tomar más precauciones respecto a cómo se expandían las infecciones, diseñando nuevas enfermerías en las que cada cuna se mantenía aislada de las demás. Estas nuevas enfermerías prevenían muchas enfermedades, pero los bebés seguían muriendo a un ritmo alarmante.

Ya en los años cincuenta existían evidencias más que suficientes para cuestionar seriamente este sistema de cuarentena, en el que las cunas estaban separadas la una de la otra por una celosía. Un exhaustivo estudio comparó dos de estos centros, uno en el que los bebés recibían los cuidados y eran alimentados por sus madres, y otro en el que los niños eran cuidados por los miembros del hospital, ocupándose una enfermera de cada ocho niños.[2]

El estudio resaltó la alta categoría de las dos instituciones, estando ambas bien equipadas, situadas además en zonas tranquilas y espaciosas. Todos los niños recibieron los mejores cuidados médicos, alimentándose a base de dietas adecuadas a sus necesidades. A pesar de todo, los bebés que recibían los cuidados de las enfermeras, terminaron sufriendo durante aquel año graves deterioros, tanto físicos como mentales, mientras que aquellos que permanecían al cuidado de sus madres, se mantuvieron en los niveles normales de desarrollo.

Un emperador descubre la vinculación[3]

En el siglo XIII, Federico II, emperador del Sacro Imperio Romano (Rey de Jerusalén, Germania, Italia, Sicilia y Borgoña), quiso saber cual de las muchas lenguas que se hablaban en su palacio era la primigenia y original, la lengua utilizada por los primeros humanos, así que convocando a las matronas, les pidió que criaran a los niños bajo la orden estricta de alimentarlos y bañarlos, pero siguiendo la estricta orden de no abrazarlos, ni acariciarlos, así mismo, no deberían hablarles en ningún momento, ni permitir que oyeran palabra alguna. Tenía la idea de que si los niños crecían sin saber ninguna lengua, al crecer, empezarían a hablar hebreo, griego, latín o árabe, de una manera natural. El experimento fue un completo fracaso, y todos los bebés murieron. Según un registro de la época, no pudieron sobrevivir sin las «palabras cariñosas» de las matronas.

El ingrediente especial en una relación de vínculo

Los cuidados médicos, de por sí, no garantizaban que el bebé pudiera desarrollarse y crecer, por lo que tenía que haber otros ingredientes esenciales que los pequeños que permanecían en el hospital de los cuidados maternales, sí estaban recibiendo. La primera necesidad claramente identificada fue la estimulación. Los bebés de la institución en la que eran atendidos por las madres, tenían más juguetes y más oportunidades de ver qué estaba pasando a su alrededor, que aquellos que estaban al cuidado de las enfermeras, cuyas cunas estaban protegidas y aisladas las unas de las otras por velos de celosía.

Pero posteriores evidencias demostraron que esta estimulación, a través de los juguetes, o de la actividad visual, no era suficiente para un desarrollo normal del infante.[4] Sin que fuera sorprendente, las madres fueron identificadas como un ingrediente crucial en el desarrollo del recién nacido, y el término «privación maternal» fue acuñado para captar la idea de que si la madre era apartada del niño, podría perjudicarle (sin que se hiciera mención del padre, por supuesto, al fin de al cabo, estamos hablando de los años cincuenta). Hay grabaciones de niños y bebés, tomadas en hospitales ingleses, que transmiten a la perfección lo dañino que puede ser para un recién nacido un régimen hospitalario. Esta publicidad cambió la práctica de no permitir que las madres o los padres pudieran tener contacto con los recién nacidos, ya que existía la creencia de que la visita podría «alterar» al pequeño. También se reconoció que los niños hospitalizados no eran los únicos que podían sufrir de un pobre desarrollo. Los chicos que no estaban en hospitales, pero que eran ignorados, o criados de una manera negligente por sus madres también eran incapaces de desarrollarse de una manera normal. La comparación de estos casos con los niños del hospital, hizo que los investigadores llegaran a la conclusión de que crear un vínculo especial, requería una relación estrecha, y que no bastaba solamente con ser madre. La clave para un sano desarrollo del bebé no dependía de si el pequeño había sido apartado de la madre o no, sino de la cantidad de cariño que ésta pudiera ofrecerle.

EL VÍNCULO NO DEPENDE DEL AMAMANTAMIENTO

En los años cincuenta, era comprensible que los científicos pensaran que los bebés tan solo tuvieran vínculos exclusivos con la madre. Esta conexión se les hacía obvia, porque las madres eran las que daban de mamar a los bebés. El amamantamiento parecía ser la base fundamental de la confianza y la comodidad que el bebé sentía con su madre. Sin embargo, unos hechos irrefutables demostrados con la utilización de bebés mono que habían sido apartados del resto de sus congéneres al nacer, puso fin a la teoría de la vinculación filio-maternal a través del amamantamiento.

En 1958, la Asociación Psicológica Americana mostró unas grabaciones de un experimento en el que a varios bebés mono se les ofrecieron dos madres «postizas». Una hecha de alambre, sin ningún ropaje, pero capaz de proveer leche, y otra también fabricada con alambre, pero acolchada con ropajes.[5] La grabación mostraba como los asustados bebés mono corrían de la madre con ropajes acolchados a la otra, de la que podían mamar algo de leche, para luego volver a la comodidad de la madre arropada. Lo que demostró esta investigación fue que no era el amamantamiento lo que vinculaba al bebé con la madre, sino el contacto íntimo. Lo que creaba la conexión entre la madre con ropas y el bebé mono no era la necesidad de nutrirse, sino la de sentir bienestar y seguridad. Por otro lado, este experimento también sacó a la luz pruebas fehacientes de que la necesidad de afecto (algo blandito, aunque sólido, a lo que asirse) era una necesidad tan fuerte, como la de beber leche para alimentarse. El investigador que realizó estos descubrimientos, resaltó en su estudio, la implicación de la figura del padre. «Si el amamantamiento no era lo que creaba el vínculo del bebé con la madre –anunció a la comunidad científica–, y se trata tan solo del contacto íntimo, entonces un hombre también puede establecer esta conexión especial con el recién nacido. Más adelante, en este mismo capítulo, volveremos a profundizar en esta idea.

El amor paterno-filial[6]

No todos los padres sienten amor por su hijo al mismo tiempo o de la misma manera. Me ha parecido apropiado comentar las experiencias de algunos padres tras el nacimiento y en los inicios de su paternidad. Seguidamente, van algunos testimonios:

«Pasaron unas seis o siete semanas antes de que conectara conmigo. Antes de eso, sí llegué a sentir cierto tipo de conexión, pero nada parecido a sentir que realmente, era mi hijo. Antes de que naciera, todo el mundo me hacía bromas sobre cacas «pestosas» y la falta de sueño, pero nadie había mencionado nada sobre el empezar a quererlo de verdad»

John, 36

«Después de que naciera, empezó a surgir en mi interior una necesidad que nunca antes había experimentado. Venía del trabajo por la noche, llegaba a casa a eso de las dos de la mañana, justo a tiempo de que el bebé se despertara esperando a que lo cambiaran y le dieran un biberón, cosa que yo hacía para después devolverlo a la cuna».

Ian, 28

«Cuando vuelvo a casa, paso con él todo el tiempo. Cuando estoy en el trabajo, lo echo de menos. No sé lo que haría sin él, considerando que hace nueve o diez meses ni tan siquiera existía, y ahora, mataría por él».

Justin, 23

«Todo el proceso ha sido un auténtico descubrimiento que no me esperaba, porque antes de tener hijos estaba demasiado centrado en mí mismo. Hice lo que hice, y eso es todo... Ahora es un mundo completamente diferente. Ya no estoy centrado en mí, y darme a mi hijo es en lo que más disfruto».

Eduardo, 37

«Tardé tres meses en empezar a querer realmente a mi primogénito. Tuvo que pasar las dos primeras semanas en cuidados intensivos, y una vez que estuvo en casa no pude pasar demasiado tiempo con él. Con el siguiente, tardé unos cinco meses, ya que no fui capaz de dividir mi tiempo entre el uno y el otro».

Tom, 41

«No sé cuando empecé a quererlo realmente. Sí recuerdo que no me ocurrió de sopetón. Desde el primer día, me sentí protector, interesado e impresionado con él, pero impactó en nuestras vidas como un desastre natural, ya que no es que durmiera muy bien. Lloraba mucho y la verdad es que nos

estaba volviendo un poco locos. Me acuerdo que un día estaba mirándolo, viéndolo allí sentado (para entonces ya tendría que tener siete u ocho meses), jugando con sus juguetes, interactuando de una manera abierta con todo. Pues recuerdo estar observándolo aquel día, y sentirme realmente complacido de tener la oportunidad de compartir todo el tiempo del mundo con él. En ese momento, sé que había empezado a quererlo realmente».

Murdock, 33

«Yo empecé a quererlo antes incluso de que naciera. También estuve presente en el parto, lo sostuve durante una hora justo después de nacer. Mi amor se ha consolidado durante todo este tiempo».

Steve, 22

«Sentía muy pocas emociones hacia mi hija. Eso no quiere decir que no me levantara por las noches para cambiarla, que no la cogiera y que no la llevara de paseo. Incluso recuerdo haber estado jugando con ella y darme cuenta de que era una niña muy receptiva, pero sabía que aún no la quería como debía quererla. También sabía que tarde o temprano lo haría, y me acuerdo perfectamente de estar diciéndole a mi pareja, cuando me preguntaba sobre este tema, que aún no me sentía preparado, pero que esperaba estar algún día listo. A los tres o cuatro meses, empezó a ocurrir, cuando nos dimos cuenta de que al bebé no le gustaba la palabra «no». Cada vez que la pronunciábamos, ella lloraba, así que dejamos de decirla durante unos meses. Entonces empecé a sentir algo más que responsabilidad. Era raro, no la estaba queriendo realmente, pero sabía, y me refiero a saberlo de verdad, que en breve empezaría a hacerlo».

Theo, 43

«El día antes de cumplir veintinueve años, nació nuestra primogénita. Nació en una habitación atestada de estudiantes, enfermeras y médicos, después de un parto de treinta y dos horas. Recuerdo estar sosteniéndola sobre mi pecho, y pensar: «madre mía, soy padre!». Ahí fue cuando empecé a quererla»

Kyp,30

EL VÍNCULO ES PRIMORDIAL PARA EL DESARROLLO DEL CEREBRO

El experimento con los monos demostró claramente que no era la leche matera la que forjaba el vínculo entre la madre y el bebé. La necesidad de tener un contacto cercano es aún más importante que la necesidad de la leche, pero también dejó claro que mantener una vinculación, o una relación estrecha, consiste en algo más que estar cómodo. Estar en contacto con algo mullido y cálido no era lo mismo que tener una verdadera madre. Con la madre postiza con ropajes, los bebés mono tan solo conseguían algo de comodidad y seguridad, pero a largo plazo, no consiguieron desarrollarse. Estos monos que convivían en el confort de una madre postiza arropada, pero sin los cuidados de una verdadera madre, se comportaban de una manera normal cuando estaban solos, pero nunca pudieron sociabilizar con otros monos cuando terminaron de crecer, y tampoco consiguieron aparearse. Cuando las hembras adultas quedaron embarazadas de manera artificial, al dar a luz mataron o dejaron morir a los recién nacidos; estas monas madres no sabían qué hacer con sus bebés.[7] Al parecer, parte de los cerebros de estos monos criados sin madre no habían podido desarrollarse correctamente, habiendo perdido para siempre cualquier nexo de unión entre ellos y los otros miembros de su especie.

La idea de que, al formar un vínculo con su madre, el cerebro del bebé queda afectado, encajaba con lo que se sabía de los bebés humanos. Cuando se descubren niños que han estado encerrados en sótanos, o que han estado aislados de cualquier contacto humano justo después de su nacimiento, el método de recuperación que se emplea para intentar devolverlos a un estado normal es a base de ofrecerles cariño.[8] En esos casos de severa negligencia, los niños a menudo carecen de habilidades básicas, como la capacidad de hablar, y tienen poco o ningún conocimiento acerca de cómo relacionarse. Los bien intencionados esfuerzos de aquellos que los rescataban por devolverlos a una vida normal y corriente fallaban invariablemente. Quedaba claro que se estaba ignorando algo que era básico para aquellos niños, pero no estaba permitido realizar experimentos como los que se hicieron con los monos (Harry Harlow, el investigador que realizó las grabaciones con los bebés monos, sufrió las iras del Movimiento de Liberación Animal por efectuar ese tipo de experimentos). Lo que los científicos necesitaban era una manera de observar el cerebro, y de ver cómo los efectos del amor de los progenitores cambiaba su estructura.

La estimulación se debe hacer en el momento correcto

David Hubel, nacido en 1926, podría haber sido calificado como un padre «tradicional». Sus hijos eran muy importantes para él, pero también su vida laboral, en la que estaba efectuando experimentos de laboratorio hasta altas horas de la noche, llegando a veces a casa a la hora en la que su familia estaba tomando el desayuno. No tenía duda de que para sus hijos, la figura paterna era muy importante, pero los descubrimientos que él pudiera hacer lo eran aún más. Estos esfuerzos le hicieron ganar (junto a su colega, Torsten Wiesel) el premio Nobel de Psicología en 1981. Su mayor descubrimiento fue el de realizar un mapeado completo de cómo los nervios ópticos atraviesan las distintas capas del cerebro.[9] Descubrió que las células del cerebro que usamos para interpretar los mensajes que capta el ojo se desarrollan justo en un periodo específico después de nacer. Si durante este periodo se impide que la luz llegue a la retina (situada en la parte trasera del ojo), el que luego haya luz no será suficiente para que se pueda restaurar la visión. Las células del cerebro que usamos para «ver» necesitan ser estimuladas después de nacer, en caso contrario, nunca se desarrollarán como células capaces de interpretar los mensajes enviados por los ojos. Si fracasamos a la hora de recibir los estímulos correctos a una edad temprana, nunca podremos desarrollar esa parte de nuestro cerebro.

Hubel y Weisel trabajaron principalmente con gatos, cosiendo quirúrgicamente los ojos de las crías pocos días después de nacer; lo cual normalmente es antes de que se abran naturalmente (siempre realizando esta operación con anestesia, y sin que el animal mostrara signos de alteración una vez volvía con su madre). Cuando a la cría se le reabría el ojo de nuevo quirúrgicamente, continuaba ciego de ese mismo ojo. Este mismo experimento, el de cerrar un ojo durante un tiempo para luego reabrirlo, se repitió en un gato adulto, sin causar ningún tipo de daño. El experimento con la cría explica por qué, si a un pequeño que ha nacido con cataratas en su globo ocular (las cuales admiten la luz, pero no las sombras) se le realiza una operación quirúrgica para reemplazar el cristalino dañado cuando el niño ya tiene seis o siete años, no habrá tratamiento posible que le haga recuperar la visión en ese ojo, a pesar de que el cristalino de reemplazo esté en perfecto estado.

El contacto social también tiene un periodo específico

El interés de la investigación se centró entonces en saber si los aspectos sociales del desarrollo del niño también podían tener periodos críticos. ¿Y si hubiera otras partes del cerebro que necesitaran también de un afecto especial para poder desarrollarse apropiadamente? Tal vez eso podría explicar por qué los bebés en los hospitales de auspicio de los años cincuenta desmejoraban y morían incluso recibiendo los mejores cuidados médicos. Eso también explicaría por qué, en los niños que eran rescatados de una situación de extrema negligencia en sus cuidados, era igualmente imposible reparar los efectos de haber sido privados de atenciones básicas en la más tierna infancia, a pesar de que luego recibieran el mejor de los cuidados médicos. Durante la década que Hubel pasó experimentando con gatos, se desarrollaron nuevas tecnologías que fueron utilizadas junto a sofisticados programas informáticos para analizar los cambios en el flujo de oxígeno, así como los cambios de los campos magnéticos del cerebro. Esto significó que los científicos pudieran mapear las funciones del cerebro con mayor detalle, y sin temor a dañar a la persona que estaba siendo examinada.[10] Estas nuevas tecnologías se pudieron aplicar cuando un catastrófico experimento político en Rumanía sacó a la luz miles de casos de niños que habían vivido aislados durante largos periodos de tiempo.[11]

Bajo el régimen del presidente Ceauescu, miles de niños rumanos fueron enviados a orfanatos, donde quedaban al «cuidado» del personal en unas condiciones terribles. Aproximadamente el 35% de los niños morían cada año. La malnutrición que esos pequeños sufrían hacía que alcanzaran muy poca estatura. Igualmente, los aspectos sociales y emocionales de los cuidados que recibían eran muy deficientes. En estos orfanatos había normalmente un cuidador por cada diez, o incluso más niños (llegando hasta sesenta niños por cuidador), así que en muchos casos, los niños se pasaban todo el día en la cuna. Una vez que el régimen de Ceauescu cayó en 1989, la Comunidad internacional se esforzó enormemente para alojar a estos niños con familias que se preocuparan de ellos. Fue alentador ver como muchos de esos niños conseguían realizar una recuperación casi completa de sus habilidades físicas. Gracias a los cuidados y una nutrición apropiada, alcanzaron una tasa de desarrollo cinco veces superior a la de un niño normal, así que después del paso de los años, lograron alcanzar la estatura y el peso normal de otros niños de su edad.

El aleccionador resultado, sin embargo, demostró que incluso tras años de recibir los cuidados y el cariño de una familia adoptiva, muchas partes aún permanecían dañadas. Esos niños tenían un coeficiente intelectual muy bajo, no podían controlar sus impulsos, y tenían muchas dificultades para hacer amigos.

Un equipo internacional de científicos vigiló los progresos de esos niños dentro de sus nuevas familias. Las pruebas realizadas sobre su coeficiente intelectual, confirmaron que los más afectados habían pasado su infancia al completo en aquellos orfanatos. Se vió que había un periodo crítico que abarcaba desde los seis meses a los cuatro años, en el que el cerebro de los niños quedaba más afectado. Los pequeños que llegaban a las inclusas a una edad más tardía, y aquellos que habían sido rescatados antes de llegar a los seis meses, tuvieron una recuperación mucho más completa, pudiendo establecer todo tipo de relaciones positivas.

Las nuevas tecnologías aplicadas proveyeron evidencias concretas sobre el cambio de la estructura de sus cerebros, al compararlos con otros niños que no habían estado en aquellas instituciones. Si bien los niños rumanos quedaron afectados de distinta manera durante su experiencia en el orfanato, los más perjudicados tenían partes de su cerebro que simplemente no se habían desarrollado. El desarrollo de su cerebro se vio afectado no solo por la carencia alimentaria y de cuidados físicos, sino también por la privación de una relación afectiva.

Tenemos que aprender a crear un vínculo

Un padre escribió esta súplica en una página web sobre padres primerizos:[12]

Acabo de volver de Irak, y mi hija, que tan sólo tiene seis meses y medio de edad, no para de llorar cada vez que la sostengo en mis brazos. En el momento que mi esposa sale de su campo de visión, empieza de nuevo a llorar, y cuanto más la sostengo, peor se pone. Mis vecinos de arriba dicen que es como si alguien estuviera intentando matarla. No sé qué hacer. He intentado tenerla en mis brazos y dejar que llore hasta que pare, pero como ya dije, sus lloros tan solo empeoran. Quiero intentar una revinculación con ella de una manera desesperada, porque cada vez que llora, yo lloro también. Si alguno de vosotros podéis darme algún consejo, estaré más que contento de oírlo.

¿Qué es lo que está mal en este mensaje? El corazón de este padre no puede estar más comprometido, y sin duda sabe lo que quiere, que no es otra cosa que volver a tener un vínculo con su hija. Lo que nadie le ha dicho es cómo los niños desarrollan vínculos con quienes cuidan de ellos. Estos tres puntos podrían haber significado una gran diferencia para este padre:

1. Saber que los bebés empiezan a diferenciar entre los que son sus padres, y los que son personas ajenas a ellos aproximadamente a los seis meses, y que el que lloren cuando un «extraño» les sostiene en brazos es normal a esa edad, puede que hubiera evitado que este padre se sintiera culpable.

2. Saber que la vinculación tan solo se puede crear a través de la interacción del día a día le podría haber otorgado una estrategia sobre cómo actuar a la hora de cuidar de su hija y cómo crear de nuevo un vínculo. Por ejemplo, podía jugar con ella tanto como le fuera posible.

3. Saber que su relación con su hija no solo afectaría a sus lloros, sino también a la arquitectura de su cerebro, y a su futura habilidad para actuar en situaciones de estrés, también podría haber sido una buena razón para pasar más tiempo con ella.

EL CORTISOL Y EL DESARROLLO DEL CEREBRO

Al nacer el niño, ya habrá desarrollado millones de células cerebrales (neuronas). Cuando estas neuronas se conectan unas con otras, forman una conexión que realizará rutas o patrones a lo largo de todo el cerebro. Los bebés forman estas conexiones a medida que aprenden a ver, oír, hablar, moverse, pensar y sentir. En los primeros meses después del nacimiento, las partes del cerebro que tienen que ver con los sistemas de regulación básicos del cuerpo desarrollan conexiones a un ritmo vertiginoso. Por ejemplo, cuando tu bebé nace, su reloj biológico no sigue la tónica de: «día = activo» «noche = dormir».

Durante algún tiempo en el primer año (sin que nadie sepa exactamente predecir cuando sucederá), tu bebé aprenderá que la noche es diferente del día y, gracias a Dios, que la noche es el momento de dormir, y no de jugar. El nivel de una hormona clave (que no es otra cosa que un mensajero químico) llamada cortisol estará alto por la mañana, y caerá hasta su punto más bajo a medianoche, y así, tu bebé entrará en el ritmo de que el día es para la actividad, y la noche, para descansar.[13] La parte del cerebro que controla la producción de cortisol (en el sistema límbico) consume una gran cantidad de energía mientras crea esos patrones y estructuras en los primeros meses de vida.

El cortisol, tiene además otra función crucial. Dicta la manera en la que el cerebro ayuda al cuerpo a manejar el estrés. El sistema límbico es la parte del cerebro que se encarga de todos los sentimientos que surgen durante el día a día del bebé. Los patrones de reacción del sistema límbico, como por ejemplo la cantidad de cortisol que se envía a la corriente sanguínea, seguirán utilizándose del mismo modo durante el resto de la vida del niño en los momentos en los que tenga que pasar una situación de estrés, tales como un examen en la escuela, o el momento en el que conozca a nuevas personas. Será este sistema límbico el que envíe cortisol para aumentar la presión sanguínea, así como el nivel de azúcar en la sangre, y así, reducir la ansiedad. Las conexiones cerebrales que se forman durante los primeros años marcarán cómo tu hijo reaccionará ante cualquier situación que tenga que ver con la frustración, la incertidumbre, el miedo o la sorpresa.

¿Cómo aprende el bebé a conectar con las células de la parte derecha de su cerebro, con el fin de reaccionar con los mejores niveles de cortisol, para así poder controlar la situación? Básicamente, esto se aprende indirectamente del padre y de la madre, que son los que le ofrecen el cariño, y quienes responden a los sentimientos del bebé. La manera en que los progenitores responden diariamente también es importante para el desarrollo del cerebro del niño. Si por ejemplo, lo estás cambiando de ropa, y de repente su brazo se queda atrapado en la chaqueta, puede que empiece a agobiarse. Si intentas no ponerte tú también nervioso, diciendo, por ejemplo: «Vaya, por ahí no vamos bien, vamos a ver… intentémoslo por aquí… eso es, ahora mucho mejor, ¿verdad?»; entonces, la oportunidad de que las células de su cerebro se estén conectando de una manera positiva será mucho mayor. Las células del cerebro encargadas de identificar el confort, la seguridad y la estimulación placentera a través del contacto (por la manera en la que le sostienes el brazo), la visión (viendo tu sonrisa mientras le guías el brazo a través de la manga) y el oído (oyendo el tono de tu voz), forman un enlace en la zona límbica, el cual le ayudará en futuras situaciones de agobio o estrés.

CUALQUIER TIPO DE VÍNCULO NO SIRVE

A lo largo de estos cuarenta años, los investigadores han descubierto que los padres y los hijos forman dos tipos básicos de vínculos (son las llamadas «relaciones de apego»).[14] El vínculo estrecho se forma cuando la relación entre los progenitores y el bebé, le da a éste una «seguridad básica» para explorar el mundo, seguridad en la creencia de que su padre y su madre «estarán allí» cuando los necesite. Con un vínculo sin fuerza, el bebé no tiene seguridad para explorar el mundo.

Estos diferentes tipos de vínculos pueden quedar identificados realizando una simple prueba, consistente en dejar solo al niño en la habitación cuando éste esté junto a su padre y su madre. Incluso ante la posibilidad de que haya una gran cantidad de juguetes atractivos para el niño, debemos esperar que el bebé se empiece a poner cada vez más nervioso. Cuando uno de los progenitores vuelva al poco tiempo, veremos que seguidamente se producirá un reencuentro, que muy posiblemente sea lacrimógeno hasta que el bebé se convence de que su progenitor no ha desaparecido. Esto es lo que ocurre en la mayoría de los casos.

Se cree que los niños que reaccionan de esta manera tienen un vínculo fuerte, o una «relación de apego» segura con sus progenitores. En estos casos el niño responde con nerviosismo al quedar solo, e incluso llora o gimotea cuando se da cuenta de que sus progenitores se han ido. Luego, cuando estos vuelven, también llorará, pero se acercará rápidamente a su padre o a su madre mientras intenta sujetarse a su regazo o a sus brazos, o simplemente, permanecerá agarrado a una pierna. El padre tranquiliza al niño si él permanece en calma. Después de un corto periodo en el que se sienta cómodo y seguro, el niño volverá a explorar la habitación y los juguetes.

Sin embargo, también hay bebés que, cuando quedan en una situación como esta no protestan airadamente, y apenas reaccionan ante la vuelta de su padre o su madre. En un principio, se podría pensar que estos niños son muy independientes, pero cuando se les observa con más atención, nos damos cuenta de que parecen despreocupados porque en realidad lo que han hecho ha sido desconectar sus emociones. Cuando observamos el proceder de los progenitores de este tipo de niños en casa, o en cualquier otra situación en la que están al cuidado, notamos que intentan confundir al niño, separándolo de su protección cuando éste se enfada. En lugar de ofrecerles la seguridad necesaria, dicen cosas como: «¡oh!, ¡anda!, ¡mira esto, ¿te gusta?!», intentando distraer al niño, o incluso se enfadan con él, diciéndole que no sea llorica. Los padres que reaccionan a los lloros del niño como si estos no importaran, terminan teniendo un vínculo sin fuerza, o una «relación de apego» poco fiable.[15]

En este sentido, podemos apreciar otras versiones de estas «conexiones débiles». Otros niños pueden reaccionar con tristeza cuando los padres abandonan la habitación, pero también pueden enfadarse o ponerse muy nerviosos cuando éstos vuelven. Estos niños suelen jugar con los juguetes, pero no se atreven a explorar mucho, porque sienten ansiedad al preguntarse donde se encontrarán sus padres.

La principal diferencia entre un vínculo fuerte y uno débil es la manera en la que el niño es capaz de manejar los sentimientos que surgen cuando es separado de sus progenitores. Los bebés que se sienten seguros exploran libremente porque saben que podrán volver a los brazos de su padre y su madre cuando se asusten. Los niños inseguros tienden a desarrollar su propio sistema de seguridad, pero esto significa que siempre serán menos propensos a una exploración con confianza.

Los beneficios de un vínculo fuerte

En las últimas cinco décadas, los estudios han demostrado que la vinculación que sucede entre las madres (o padres) y sus bebés[16] es muy beneficiosa. El mejor tipo de relación de apego para los niños está más que clara: aquellos con un vínculo fuerte podrán sobrellevar las situaciones estresantes de una manera más efectiva, ya que serán capaces de demostrar sus temores y hacerse con la protección y el bienestar que necesitan de sus padres, por lo tanto, podrán controlar sus emociones, y seguir así de una manera segura la exploración del mundo. Cuando los investigadores observan durante un tiempo a un grupo de niños durante todo su crecimiento, se ve que aquellos con un vínculo fuerte son los más beneficiados. Estos niños tienen un mejor desarrollo pues su capacidad de sobrellevar las dificultades que pueden encontrar en la escuela es mayor, y normalmente, tienen también más facilidad a la hora de hacer amigos.

El gran cambio, de CI a CE

Contrastar el coeficiente intelectual (CI), o mejor dicho, la puntuación que haya sacado tu hijo en un test de coeficiente intelectual, con el de otros niños, es una manera muy drástica de decidir lo «inteligente» que es tu hijo.

La mayoría de los padres entienden que una puntuación de CI por encima de la media ayudará a su hijo en la escuela, y luego más adelante en el resto de su vida. Los gobiernos también suelen usar las pruebas de CI para algunos asuntos de suma importancia, como lo es el medir y controlar los efectos por exposición de los niños al plomo, ya que éste puede reducir la inteligencia de los infantes, así como causar problemas en el comportamiento, especialmente en los niños varones.

Muchos países ya han eliminado el plomo de la pintura industrial, y se ha promovido el uso de la gasolina sin plomo para combatir este problema.

Sin embargo, el concepto de lo importante que es el CI a la hora de poder utilizarlo para juzgar cuan bien podrá prosperar el niño a lo largo de su vida, ha cambiado durante estos últimos años. El CI todavía es importante, pero ahora, al CE, que no es otra cosa que el 'coeficiente emocional', se le considera igualmente crucial para la obtención de éxito en los estudios, y en el empleo.

Los estudios de James Heckman, ganador del Premio Nobel de Economía, muestran que factores como la motivación, la perseverancia y la tenacidad indican qué niños obtendrán éxito en la vida, de la misma manera que lo hacen las mediciones del CI.[17] Sus estudios también muestran que son los primeros años de crecimiento los que más cuentan. Los programas para esos niños que sufren el fracaso escolar, o que terminan con problemas con la ley, son importantes, pero, como economista, él argumenta que esperar hasta que los niños entren en la escuela para comenzar a arreglar las cosas, además de ser más caro, es menos efectivo. La motivación de tu hijo para esforzarse en aprender, y la tenacidad de seguir adelante cuando se encuentre con alguna dificultad, se desarrolla mucho antes de entrar en la escuela. El factor clave de la personalidad es el CE, no el CI. El CE es el resultado tanto de la genética, como de la manera en que los padres y las madres hacen su labor.

El vínculo y el futuro probable

Supón que todas estas investigaciones te convencen a intentar establecer un vínculo fuerte con tu bebé. Seguramente te interesará conocer algunas pistas, o incluso instrucciones concisas de cómo realizar esta tarea (lo cual veremos más adelante), pero puede que también quieras ver los resultados que producirán tus esfuerzos.

¿Qué es lo que puedes esperar de un vínculo fuerte con tu hijo? Seguidamente, enumeramos cuatro situaciones de la vida real de tu hijo en la que se puede comprobar los efectos de una vinculación creada de manera temprana. La manera en la que Mia, Frank, Gabriella y Luke reaccionan con sus amigos y en su colegio nos da un atisbo de su futuro, y nos permite ver de qué manera actúan los distintos tipos de vínculos.

Pero primero, una advertencia: los padres y madres que estén leyendo esta sección puede que ya tengan hijos que de alguna manera o de otra, estén metidos en problemas; y puede que piensen que son responsables de los problemas que tiene su hijo porque han fallado a la hora de crear un vínculo fuerte con él, pero hay dos buenas razones para no caer en esta conclusión. La primera es que si bien empezar a cumplir con las labores de padre desde muy temprano es muy importante a la hora de influenciar el desarrollo del niño, también es posible que en cualquier periodo de la niñez, el pequeño pueda descarrilarse por razones que no tienen nada que ver con las cualidades parentales de los progenitores (de la misma manera que puede desarrollar nuevas habilidades y aptitudes sociales a medida que crece). Tener una experiencia temprana no lo es todo. La segunda razón a resaltar, es que los niños varían enormemente a la hora de reaccionar en las distintas situaciones sociales, porque tienen elementos clave de vosotros, los padres, transmitidos a través de los genes. Así que, cumplir con las funciones de padre desde el principio no lo es todo en el buen desarrollo del niño.

Ahora, imaginemos que podemos ver el futuro y comprobar cómo se van a desarrollar nuestros hijos. Primero, veremos a Mia y a Frank, con ellos demostraremos como puede ser el futuro de los niños con un vínculo fuerte.

Mia *camina hacia el patio de su nueva escuela. Ve a un grupo de niños de su misma edad que están jugando un partido de balonmano. Ella los observa durante un rato para enterarse de cuáles son las reglas del juego, y cuando ve que todos se toman un descanso, sonríe a los que ve como líderes del grupo, preguntándoles si puede jugar con ellos. Todos parecen un poco inseguros de qué contestar, pero no dicen «no», así que finalmente, Mia termina jugando con ellos. Comete un par de errores, pero después de un rato empieza a ser aceptada por los demás jugadores. Cuando la campana empieza a sonar, ella ya está hablando con alguno de los del grupo de las razones por las que se ha tenido que cambiar de escuela.*

A **Frank** *no le gusta ninguna actividad que tenga que ver con la lectura, pero acepta que tendrá que estudiar lo suficiente como para poder tomar parte en las discusiones de clase, y también para poder hacer sus deberes. A él lo que le gusta es el deporte, y hacer amigos entre sus compañeros de equipo, aunque también le gusta hacer y construir cosas. Cuando el profesor de Historia pidió sugerencias sobre qué hacer con el trabajo de clase, cuando el tema eran los castillos, Frank sugirió hacer una maqueta, consiguiendo hacerse con el liderazgo del grupo de construcción y decoración de la maqueta.*

Entre estas dos descripciones, podemos dilucidar que si bien, ni Mia ni Frank son perfectos, son niños «normales» con miedos, dudas y limitaciones, incluso podemos comprobar que en algunas áreas se mueven con soltura. Mia y Frank se enfrentan a los mismos retos que el resto de los niños: hacer amigos, aprender las normas, usar los dones que tienen para tener éxito en la escuela, y dentro del ocasional grupo social. Sin embargo, ambos tienen la esperanza de que caerán bien a los otros niños del patio o de la clase (o que al menos, no caerán mal de entrada), y ambos tienen la autoconfianza suficiente para adivinar la manera de poder relacionarse.

Pero dentro del ámbito social no todos los niños pueden creer en sí mismos de esta manera. Imaginemos ahora como será el futuro de dos pequeños que han tenido un vínculo débil, y cómo se desenvolverán ante estos mismos retos. A continuación, leeremos como Gabriella y Luke se desenvuelven haciendo amistades o intentando conseguir logros deportivos.

Gabriella *se ha hecho amiga de un grupo de chicas, algunas de las cuales están siempre deseosas de experimentar con el alcohol y las drogas. A menudo se pone bastante mal después de media docena de chupitos, y cuando lo que prueba son las drogas, se pone muy nerviosa y pierde el control. A pesar de sufrir estas reacciones, continúa bebiendo y drogándose porque lo que más desea es encajar con su grupo de amigas. Con el tiempo, este grupo se convierte en su entorno de amistades más importante, y a partir de entonces, confiará siempre en las drogas para sentirse más segura de sí misma, y más sociable.*

Luke *tiene buenas aptitudes y un talento natural para el deporte, pero en realidad no se aplica ni demuestra ningún interés por nada. Le gustaba pertenecer al equipo de fútbol pero solía faltar a los entrenamientos y no le gustaba «perder el tiempo» practicando los tiros. Durante los partidos, casi no pasaba el balón, a menudo se enfadaba, tenía encontronazos con otros jugadores, y en algunas ocasiones, incluso con el árbitro. Por culpa de ese temperamento y su falta de atención, ha sido excluido de todos los equipos deportivos, y ahora pasa la mayor parte de su tiempo solo.*

Mia es inteligente y demuestra tener habilidades sociales. Puede quedarse con las reglas básicas de un juego, e identificar a los que deben ser líderes. Más importante aún, tiene la confianza y la entereza emocional suficiente como para interpretar el hecho de que no decirle «no» sus compañeros, es un permiso tácito para que se les uniera. Incluso cuando comete fallos, se esfuerza más, y aprende. Frank consigue encontrar la manera de tener éxito en clase, incluso cuando no está en absoluto interesado en una de las tareas más importantes (leer).

Hizo amistades en el deporte, y también será capaz de trabajar en equipo con el resto de sus compañeros en el proyecto del castillo. Tanto Mia como Frank demuestran tener el tipo de desarrollo que se fragua en una relación de apego. Pueden superar dificultades negociando las situaciones que permiten aprender a establecer relaciones positivas.

Gabriella carece de la confianza suficiente como para formar amistades, así como para formar parte de un grupo sin la ayuda de las drogas para subrayar su presencia, y para hacer que se sienta más segura de sí misma. Incluso cuando las sustancias le causan malestares físicos (y posiblemente, daños más graves a largo plazo), carece de los recursos emocionales que le permitirían formar parte de un grupo con sus propias reglas, o encontrar amigos. Luke sufre de incapacidad para controlar sus propias emociones. No puede motivarse a sí mismo lo suficiente para asistir a los entrenamientos, y actúa de manera exagerada cuando se encuentra con un revés durante un partido, perdiendo el control.

Luke y Gabriela puede que se hayan encontrado con cierto número de dificultades en sus vidas, lo que les ha llevado a sentirse vulnerables ante el fracaso, y puede que haya muchas otras razones por las que sean incapaces de manejar mejor su sociabilidad, sin embargo, el patrón de dificultad que han demostrado es lo que se podría esperar de los vínculos y apegos creados durante sus primeros años de vida, en los cuales se sintieron inseguros y desprotegidos.

CONCLUSIONES

- » El vínculo que un bebé crea con su padre o su madre es muy importante para su supervivencia y desarrollo.
- » Cuando se crea un vínculo, afecta tanto a la estructura física, como a la forma del cerebro del bebé. El vínculo no es tan solo un asunto emocional.

Capítulo 2

LOS ENTRESIJOS DE
LA VINCULACIÓN

Si tienes la oportunidad de estar en una sala de parto de un niño de una hora de edad, seguramente, estarás viviendo esta escena:

> Mientras que su madre se recupera, Hanna está en brazos de su padre, Chris. Hanna tiene un brazo libre. Sus dedos se flexionan y aprietan el borde de la mantita que la cubre, mientras que su boca se abre y se cierra. Está claro que está comprobando su «nuevo equipamiento», mandando órdenes a los diferentes músculos, mientras aprende a coordinar los brazos, los dedos, los labios, el cuello y los ojos. Chris la sostiene mirándola de frente, con una mano puesta detrás de la cabeza de Hanna. Ella parpadea, mientras gira su cabecita ligeramente, hasta que la alinea con la cara de Chris, que sigue sosteniendo su cabeza mientras la pequeña parpadea de nuevo, fijando la mirada en el rostro de su padre. Sus ojos se abren aún más y se produce un momento de completa

concentración. Hanna no está mirando simplemente la cara de Chris, está totalmente inmersa en un ejercicio de escaneo mutuo. Mientras que él sostiene su cuerpo, ella le examina con el máximo detalle la cara, la nariz, la boca... Después de un rato, la tensión es demasiado grande, así que Hanna gira la cabeza, cerrando los ojos por la claridad de la luz.

Este tipo de situaciones han quedado documentadas por los fotógrafos, y es parte del entrenamiento profesional para enfermeras y doctores.[18] Este *dvd* ilustra a la perfección la manera en la que podemos comprender el universo de Hanna desde su punto de vista, comprendiendo igualmente todo lo que ha cambiado de manera drástica durante los últimos treinta años. Vemos cómo Hanna no se queda observando el mundo a su alrededor de manera distraída. El color pastel de las paredes, los reflejos que destella el equipamiento médico, esa cosa redonda y abultada que resulta ser su padre... Claramente intenta crear una conexión. Busca la cara de Chris, no sus manos, ni el cuello de su camiseta, sino su cara. Cuando la encuentra, fija su mirada en ella e intenta registrar todos los detalles. Si bien anteriormente se pensaba que los bebés siempre esperaban a que alguien iniciara el contacto, para luego responder, ahora descubrimos que Hanna hace un esfuerzo para comunicarse casi desde el momento de su nacimiento.

Los bebés, quedando esto ahora totalmente reconocido, no esperan a que nadie se ocupe de su bienestar, interesándose solo en mamar, dormir, o entretenerse con sonajeros de colores brillantes, y música de nanas. Los bebés están muy ocupados buscando entablar relaciones. Quieren intercambiar sonidos, gestos, y expresiones sincronizadas en las que a veces hay que esperar turnos para realizarlas, y que además, van cargadas de un componente emocional. Buscan entablar una relación con su padre y con su madre.

¿Y cómo sabe quien es su padre? Pues en realidad, no lo sabe. De lo que sí está segura es de haber escuchado esa voz antes. A menos que Chris haya estado muy callado mientras andaba por casa, el sonido de su voz habrá llegado a Hanna. Sin embargo, no todos los niños son capaces de reconocer la voz de su padre, pero normalmente, las matronas les dicen a los padres que el bebé está respondiendo al sonido de su voz. El padre, a menudo no es capaz de ver esto, porque no es una cosa que se produzca siempre, ni tampoco es algo que suceda de manera exagerada, pero cuando el bebé intenta girar la cabeza para ver a quien pertenece esa voz, por ejemplo, siempre ocurre que el padre queda embelesado al ver que lo reconoce, y que va a tener un papel inmediato en la vida del niño.

CÓMO SE DESARROLLA UN VÍNCULO PATERNO-FILIAL

El proceso de desarrollar un vínculo con el niño, especialmente durante los primeros años, es muy similar tanto en los padres como en las madres. Exceptuando el amamantamiento, las interacciones diarias que toman lugar a la hora de cambiarlo, bañarlo, arroparlo o jugar con él se realizan casi de la misma manera tanto por el padre como por la madre; pero la manera en la que las madres y los padres se preparan para realizar estas interacciones, son muy diferentes. La forma en la que la madre conoce al niño durante el embarazo no es la misma que la del padre. Su reacción ante el simple roce con el niño, es algo más que emocional. Sus hormonas activan comportamientos para el cuidado maternal, así como la lactancia, de una manera que no es paralela a la de los padres. Si bien hay claras evidencias de algunos cambios a nivel hormonal entre los padres,[19] como por ejemplo la bajada de nivel de testosterona que se produce después del parto, y que le permiten adoptar un comportamiento «maternal», no es nada comparado con los extremos cambios hormonales que sufre la madre, los cuales son culpables de que cuatro de cada cinco madres sufran depresión a los pocos días del parto. Teniendo en cuenta todo esto, los padres deben aprender a hacer su trabajo sin el beneficio que les otorgarían las hormonas a la hora de cambiar su comportamiento.

Debido al aumento de ayudas a la figura del padre en muchos países industrializados, el número de hombres que piden baja por paternidad ha aumentado en estos últimos años. Llama la atención que los cambios hormonales tengan más efecto en los padres primerizos. Este es el momento en el que los hombres están preparados para intentar adoptar un nuevo papel, empleando más tiempo para estar en casa con el recién nacido. Sin embargo, en algunos casos, incluso los padres que han estado totalmente sumidos en su trabajo, aceptan la oferta de la ayuda económica, y se atreven a tener una aproximación diferente cuando tienen su segundo o tercer hijo.

En Dinamarca, un político quedó fascinado al ver el «desarrollo cerebral» de su tercer hijo tras haber estado demasiado ocupado con el trabajo durante los primeros años de vida de sus dos hijos mayores.[20] Dejó constancia de esta sorpresa, escribiendo:

Imaginadlo, allí tumbado. De repente, levanta un brazo y me toca.
Al mismo tiempo, se está mirando su propia mano, permitiéndome

observar cómo estudia de cerca su movimiento. En ese preciso instante, se me hizo totalmente claro, él estaba teniendo un proceso de aprendizaje bastante importante, lo cual me pareció fascinante. Por primera vez, está empezando a comprender la conexión que hay entre el movimiento de su brazo y la sensación de tocar algo. Está examinando el mundo, ¡Y es extraordinario ser parte de ese proceso!. Mi esposa se reía y me decía: «los otros dos también hicieron eso, solo que tú no estabas aquí en ese momento». Aquello no fue agradable de oír. Quiero decir, que es en ese punto cuando te das cuenta de todo lo que te has perdido.

Jugando se construyen conexiones cerebrales

Los padres suelen preferir los juegos, el contacto físico y el humor para interactuar con sus hijos. Si bien la coordinación física se está aún desarrollando, suelen adaptar los juegos para hacerlos todavía más divertidos, pero con bebés, especialmente, con recién nacidos, los progenitores no ven práctica esa interacción, no estando muy seguros de cómo desarrollarla con un bebé que no puede correr, atrapar o patear un balón. Aquí es donde esa paternidad de dos semanas de antigüedad empieza a complicarse. Si no pasas tiempo con tu bebé mientras está despierto, no tendrás la oportunidad de interpretar el papel de ese padre que recoge las tazas del suelo, de ese padre que tiene que apartar las cosas de esas manos pegajosas, o el de aquel otro que está listo para empezar a jugar cuando su pequeño también está listo. Es a través de la práctica donde el padre aprende cuándo y cómo responder a su bebé. Seguidamente, contemplaremos la idea de mantener una «comunicación responsable», viendo cuando responder y seguir los estímulos de tu bebé.

Un gran padre, pero le falta algo

Visité a Bruce multitud de veces en su moderna casa de tres dormitorios, después de que viniera a mí en busca de algo de ayuda con sus cualidades paternales, tras tener un bebé prematuro. Como podía llevar la mayor parte de sus negocios desde casa, Bruce estaba más disponible que muchos otros padres, y tanto su iglesia, como su familia, lo alentaron para que se involucrara con el pequeño Christopher desde un principio. Durante una visita, mientras su mujer estaba fuera, nos sentamos en la enorme manta que tenía el pequeño siempre puesta en el suelo, con un buen montón de juguetes, y toallitas de bebé a mano. Christopher, que estaba un poco alterado cuando empezamos la sesión, se calmó en cuanto Bruce le prestó un poco de atención mientras jugaban con una jirafa de plástico que era la favorita del niño. Estaba absorto haciendo «volar» la jirafa a su alrededor, aunque de vez en cuando, terminaba mordisqueando el plástico con sus encías. En ese momento, le pregunté a Bruce qué es lo que haría si yo no estuviera allí de visita y él estuviera solo con Christopher. Él lo miró, jugando felizmente con su juguete, y luego miró la puerta abierta de su oficina.

-«Bueno, entraría en la oficina y leería un par de mensajes que tengo pendientes, o eso, o lavar los platos».

Lo que pude comprobar en mis visitas a la casa de Bruce, es que el amor que procesaba a su hijo estaba limitado por su idea de la importancia del juego interactivo. Según el punto de vista de Bruce, si Christopher no estaba enfadado, o con necesidad de atraer su atención de una manera obvia, no había necesidad de interactuar con él. Por supuesto, Bruce jugaba con Christopher, sobre todo cuando estaba relajado, y cuando Christopher estaba de buen humor, pero a parte de estas ocasiones, creía que los juegos con los bebés eran para cuando el niño estaba triste o enfadado, que eran para distraerlo, o entretenerlo y ponerlo de mejor humor, y que estas interacciones durante el juego carecían de importancia o valor.

¿IMITAR?... ESO SÍ QUE REQUIERE DE HABILIDAD

Puede que suene como una tontería increíble, pero sacarle la lengua a un bebé puede ser crucial a la hora de que su cerebro se desarrolle, y jugar al «Cucú – tras» puede ser justo lo que necesite para convertirse en una persona con su propia personalidad y forma de pensar.

Eso es lo que nos dice la ciencia.[21] Uno de los primeros juegos que se pueden poner en práctica con un bebé es el de imitar, ya que será a través de la imitación con lo que se formarán las conexiones cerebrales más importantes del cerebro de tu hijo. Imagina que estás sentado delante del bebé. No tiene ni hambre, ni sueño, y te está mirando. Si le sacas la lengua, verás que seguramente ocurre algo. Él también sacará la lengua, tal vez por uno de los lados de la boca, o tal vez sea casi imperceptible; pero si repites la acción, seguramente obtendrás otra respuesta «lingual» de color rosa. Muchos padres, consideran este nivel de imitación un logro menor, algo que no creen que deba ser contado, pero si pensamos en todo lo que lleva involucrado este proceso, llegamos a la conclusión de que es un logro increíble.

En primer lugar, cualquiera que haya practicado algún deporte, o haya aprendido algo de baile, sabrá que hacer que tus músculos hagan lo que tú pretendes que hagan es bastante difícil. Un bebé todavía está en el proceso de desarrollo de sus sistemas, así que hacer que los músculos de la boca y la lengua trabajen conjuntamente para que la mandíbula pueda abrirse un poco, separando los labios, y después hacer que los dieciséis músculos de la lengua se muevan hacia delante, se puede considerar algo más que el hecho de que, por ejemplo, tú o yo hiciéramos un *swing* con un *hierro 9*. Pero es que además, el control muscular no es lo más sorprendente de todo esto. Para apreciar lo maravilloso de la imitación a la hora de sacar la lengua, hay que ponerse en la piel del bebé. Imagina que estás sobre una manta, intentando controlar y asimilar toda la oleada de información que llega desde el mundo a tu cerebro. Ves una «cara» que reconoces, que tiene dos ojos, nariz, y una boca que te son familiares. El rostro sigue delante tuyo, cuando de repente, una cosa rosa que nunca antes habías visto surge de algún lado. Y ahora... ¿qué significa eso? Lo realmente sorprendente de todo es que un recién nacido pueda hacerte llegar el mensaje de que entiende, de una manera muy básica, que estás jugando con él.

Un dispositivo especial en el cerebro

El bebé no tiene ningún espejo a mano, por lo que no puede ver su propia lengua, y tampoco puede ver lo que tú estás viendo, así que cuando tú sacas tu lengua, no tiene manera de saber qué parte de su propio cuerpo es la lengua, ni tampoco de saber que tú entenderás el juego de la imitación. Si finalmente consigue hacer lo que intenta hacer... ¿cómo empieza el bebé a entender como va el juego?.

En la actualidad pensamos que los bebés vienen con un «dispositivo especial» que hace que la imitación les resulte muy fácil. En particular, las partes del cerebro con *neuronas espejo* ya están plenamente desarrolladas, listas para empezar a trabajar inmediatamente después del nacimiento.

Las neuronas espejo son células de un tipo especial. Su papel es «encender», mandar señales a las diferentes partes del cuerpo. Algunas neuronas están especializadas en el movimiento, así que se «encienden» (mandan una señal) cuando el bebé quiere realizar una acción en particular; tal como levantar una mano o abrir los labios. Pero las neuronas espejo no son neuronas ordinarias, ya que tienen una habilidad especial bastante sorprendente. Se pueden «encender» cuando el bebé ve que otra persona realiza la misma acción. Así es, según creemos, como el bebé puede sacar la lengua por primera vez, y como sabe realizar esta acción. Las neuronas espejo se encienden cuando el bebé te mira, y luego le dicen cómo copiar la acción, y antes de que nadie se de cuenta... ¡ambos se están comunicando!, y esa es la clave, por supuesto, de por qué el bebé imita. Cuando os hagáis muecas el uno al otro, por turnos, eso también es comunicación. Mover otras partes de tu cuerpo, al igual que has hecho con la lengua, es el primer paso que tu bebé percibirá para empezar a tener una «conversación» contigo, algo que ha intentado hacer desde el primer día.

El descubrimiento de las neuronas espejo[22]

La historia de este descubrimiento es como sigue. Un equipo de investigadores italianos de la universidad de Parma estaban intentando indentificar qué neuronas se «encendían» para según qué acciones; así que estudiaban las distintas partes del cerebro de un mono a la hora que éste realizaba un movimiento coordinado. La zona del cerebro del mono que estaba siendo estudiada estaba conectada, así que cada vez que el animal tomaba un objeto y lo levantaba llevándo-selo a la boca, distintas células de su cerebro se activaban, produciendo un zumbido que sonaba a través de un ampli-ficador. Entre las distintas pruebas que iban realizando, uno de los investigadores entró tranquilamente en el laboratorio, comiéndose un helado. Cuando el mono vio aquel hombre le-vantando el helado para llevárselo a la boca, el amplificador volvió a sonar; aún cuando el mono no había movido un solo músculo. Lo que los investigadores habían descubierto acci-dentalmente era que estas neuronas especiales no solo se «encendían» para realizar acciones físicas, sino que también lo hacían si en lugar de realizarse la acción, simplemente la estuviesen mirando (en este caso, la que estaba realizando el investigador). El equipo entonces dio con otro descubri-miento aún más impresionante: las neuronas también se en-cendían si el mono conocía la intención del acto.[23]

El equipo de investigadores supuso que si las neuronas espejo del mono estaban realmente involucradas en la com-prensión de la acción; como por ejemplo, a la hora de pe-lar un cacahuete, también se activarían aunque el mono no viese terminar la acción, pero tuviese las suficientes pistas para hacerse una imagen mental de ella, y terminarla. Pri-mero, dejaron al mono que viera cómo uno de los investiga-dores cogía un cacahuete de la mesa. Esto consiguió hacer-les saber qué neuronas se activaban cuando el mono veía cómo alguien cogía el cacahuete (que eran las mismas que se encendían cuando era él el que cogía el cacahuete de la mesa). Luego, mostraban de nuevo al mono el cacahuete, pero tras un cartón dispuesto específicamente en esa parte de la mesa, y que bloqueaba su visión. A continuación, repi-tieron el experimento. Esta vez el mono vio la mano movién-dose hacia el cacahuete, y fueron los dedos del investigador los que le mostraron que tomaban la misma posición que si estuvieran sosteniendo un cacahuete, aunque la pantalla le impedía comprobar si esos dedos terminaban su acción. Cuando esas mismas neuronas se activaron de nuevo, los investigadores pudieron confirmar que aquello era más que suficiente para que el mono pudiera saber que el investigador estaba intentando tomar un cacahuete. Esta increíble cualidad ha hecho que a las neuronas espejo se las considere responsables de la capacidad humana de empatizar, o incluso con la posibilidad de «leer mentes».

Por eso disfrutamos viendo los deportes

El descubrimiento del mecanismo de esta habilidad nuestra para reconocer lo que otra persona pretende hacer, creó una gran expectación, no solo entre los científicos, sino en toda la comunidad. Zonas completas del comportamiento humano han podido ser comprendidas gracias al reconocimiento de las neuronas espejo. Esta propiedad reflectiva ayuda a la hora de explicar por qué reaccionamos de una manera tan eufórica cuando vemos practicar algún deporte (ya que literalmente experimentamos la acción en nuestra mente). La comprensión de las intenciones es vital en el funcionamiento de la empatía, pues podemos imaginar lo que el otro siente. La posible carencia de estas células espejo puede explicar por qué algunos niños, como los que sufren autismo, encuentran tan difícil comprender el estado emocional de los demás por sus gestos faciales.[24]

JUGANDO AL CUCU-TRAS[25]

Las neuronas espejo hacen que la comunicación pueda darse a muy temprana edad, incluso los niños con un día de vida pueden ser capaces de «leer tu mente» con sus neuronas mímicas «de serie» y de una manera básica; pero todo esto también precisa aprendizaje. Las neuronas espejo permiten que los bebés empiecen a comunicarse, pero necesitan mucha práctica para construir en sus cerebros los circuitos que les permitirán comprender los sentimientos y las emociones de los demás. En el *cucu-trás*, por ejemplo, uno de los juegos favoritos de los niños que han pasado los cuatro meses de edad, tu bebé aprenderá muchas cosas a la vez. La secuencia del *cucu-trás* es muy directa. Asegúrate de que el bebé está mirando tu rostro, luego escóndelo del campo de visión del niño con tus manos, una almohada, o cualquier objeto parecido, pronunciando las palabras «Cucu...» y luego, al pasar unos segundos, quítate con rapidez la cobertura a la vez que pronuncias la palabra «¡Tras!». Los niños no sólo responden siempre positivamente mostrando su excitación y disfrute, también estarán dispuestos a que les repitas el proceso una y otra vez.

La acción de hacer desaparecer y reaparecer tu rostro, es la manera que tiene el bebé de aprender que hay cosas permanentes en el mundo incluso cuando no las estamos viendo. La acumulación de intriga mientras que tu cara permanece oculta antes de que aparezca de nuevo sin previo aviso, es útil como práctica para concentrarse en un suceso específico (en lugar de estar prestándole atención a una y otra cosa y a todo lo que hay a su alrededor). También ayuda a controlar los cambios inesperados del ritmo cardíaco, la respiración, y los rápidos movimientos corporales que se producen al decir tú... «¡Tras!». La charla por turnos, algo que se piensa que es un aspecto importante de la comprensión del lenguaje, también quedará grabada en la mente de tu bebé,[26] pero sería un gran error separar los aspectos de habilidad y conocimiento de los aspectos sociales de esta interacción.

La clave de todo este asunto es que todos los bebés aprenden y refuerzan la relación que se establece entre padre e hijo. Por ejemplo, en los estudios que mapean los movimientos del ojo del bebé, sabemos que cuando el pequeño juega al *cucu-tras*, no se limita simplemente a mirar alrededor de tu rostro, sino que lo que hace es fijarse sobre todo en tus ojos. Los niños con autismo no siguen este patrón. Pueden estar mirando cuando el padre dice «Cucu... ¡trás!» pero normalmente donde se fijan es en la boca, posiblemente porque de ahí es de donde procede el sonido que escuchan.[27]

Los niños que no tienen desórdenes autísticos miran a los ojos, porque son ellos los que les proporcionan más información sobre las emociones del padre. Tu bebé quiere saber qué hay dentro de la mente de la persona que realiza ese gesto que le asusta tanto, al mismo tiempo que dice «Cucu...¡Tras!». Quiere saber si estás a gusto y disfrutando del juego, si ese es un momento de cariño y amor. Si lo es, entonces este juego se convertirá en una experiencia emocionante, a la vez que aleccionadora.

Tu bebe quiere jugar con cariño y en sintonía

Tener sentimientos contradictorios con el recién nacido, no es tan raro. Los padres, a veces, están inmersos en el estrés y el cansancio que les produce su nueva responsabilidad, pero normalmente, cuando un padre pasa tiempo con su hijo, hay muchos momentos de verdadero disfrute. Sin embargo, también hay que decir que para crear un vínculo fuerte no solo son suficientes los sentimientos de cariño. Hay otra parte fundamental en las interacciones entre padre e hijo y que es tan importante como los tiernos sentimientos que éste siente por el bebé.

Los recién nacidos no pueden decirte mediante palabras o gestos claros qué es lo que quieren en ese momento, así que depende de ti descubrirlo. «Tener sintonía» con lo que el niño quiere, es una parte muy importante del trabajo del padre. Y no es nada sencillo. Los bebés suelen ir asentando el carácter a medida que van creciendo, pero cuando son muy pequeños, su humor puede cambiar bruscamente, y no siempre serás capaz de deducir cómo se sienten. Por ejemplo, sostenerlo en alto y centrarte en la interacción de subirlo y bajarlo, puede ser excitante y disfrutable, pero aún así, requiere un esfuerzo de ambos y los bebés pueden cambiar rápidamente de humor, y de estar listos para jugar, pueden ponerse incómodos y nerviosos.

Jugar en sintonía: cómo funciona[28]

Imagina que hay dos habitaciones, cada una con un papá y un bebé en su interior. En una de las habitaciones está Alex con su padre, Arthur. En la otra está Benjamin, y su padre, Boris. Cada pareja esá jugando al cucu-tras. En la habitación en la que Alex está jugando con su padre, Alex está sentado sobre un cojín, mientras que su padre está en cuclillas. Arthur sostiene una almohada sobre su rostro mientras que dice «cucu...¡tras!» para quitarse inmediatamente la almohada y sonreír a Alex. Los ojos de Alex se agrandan, mientras hace un sonidito gorgogeante con la garganta, mientras mueve sus brazos y sus piernas entusiasmado. Arthur sonríe a Alex, después vuelve a poner la almohada frente a su cara y empieza de nuevo con el «cucu...». A medida que van repitiendo el juego, los movimientos de Alex se hacen cada vez más amplios, y termina moviendo el cuerpo casi al completo, debido a los nervios de la sorpresa y la tensión. Sin embargo, después del quinto «¡Tras!», Alex le da abruptamente la espalda a Arthur y comienza a chuparse el pulgar mientras mira al espacio. Sus ojos muestran un poco de aburrimiento, así que su papá se detiene y se sienta junto a él en el suelo, mirándolo. Después de unos segundos, Alex se vuelve a girar hacia Arthur con una expresión de interés en su rostro. Arthur se acerca a él, sonríe, y le dice con una voz exageradamente falseada: «¡oh!, ¡aquí estás!, ¡ya estás listo para seguir pasándolo bien!». Alex le sonríe en respuesta, haciendo de nuevo ese sonido gorgogeante. Su padre, hace entonces un sonido similar (que suena más parecido a un gruñido) y ambos se ponen a hacer gorgogeos y gruñidos por turnos. Después de un rato, Alex vuelve a ensimismarse mientras se chupa un dedo, así que Arthur vuelve a esperar a que sea el niño el que se de la vuelta hacia él, y cuando lo hace, se saludan el uno al otro con una enorme sonrisa. Arthur vuelve a tomar la almohada, comprueba que Alex lo está mirando, y empieza de nuevo con el juego.

Los cuidados amorosos sin sintonía

Benjamin también está sobre una cama con almohadas, con su padre (Boris) tumbado a su lado, usando sus manos para jugar al *cucu-tras*. El patrón de juego es el mismo que han utilizado Alex y Arthur, con Boris alzando lentamente sus manos mientras dice «cucu...» para luego apartarlas rápidamente y decir «¡tras!», sonriéndole a su hijo. Benjamin reacciona con gorgogeos, los ojos bien abiertos, y movimientos de sus brazos y piernas.

Sin embargo, después de un par de excitantes rondas de «¡tras!» y gorgojeos, Benjamin aparta su mirada, chupándose el pulgar. En este caso, Boris no se echa hacia atrás, sino que se vuelve a meter dentro de la línea de visión de Benjamin. Boris hace chasquidos con su lengua y da palmadas para atraer la atención del bebé, sin embargo, Benjamin ignora a su padre, siguiendo con la mirada apartada. Boris insiste y se acerca aún más a Benjamin, mientras éste hace muecas y aspavientos con sus brazos, empujando la cabeza de su padre. A continuación, se aparta aún más, empezando a protestar mientras se sigue chupando el pulgar.

La interacción del «sube-y-baja» entre Arthur y Alex es sinónimo de estar «en sintonía» y «responsabilizado» con tu bebé. Arthur pudo reconocer las señales de Alex, cuando apartaba la miraba y se chupaba el pulgar, deduciendo que probablemente significaran que el juego se estaba volviendo demasiado excitante, y que Alex necesitaba calmarse un poco para volver a tener el control de sus emociones. En poco tiempo, Alex ya estaba dispuesto para jugar de nuevo, y Arthur también estaba listo para desempeñar su papel.

Boris, sin embargo, responde de manera diferente. Cuando Benjamin se giró de espaldas y empezó a chuparse el pulgar, Boris no entendió que eso era una señal que significaba que Benjamin necesitaba un poco de espacio para volver a recuperar el control. Boris no acababa de entender a Benjamin, y puede que empezara a sentirse algo avergonzado al ver que sus intentos de establecer una conexión no surtían efecto. Tenía la esperanza de ver si insistiendo, Benjamin terminaría respondiendo. Cuando Benjamin se apartó aún más, Boris intentó de nuevo seguir con el juego, acercándose aún más a la cara de Benjamin y alentándolo con más insistencia para que interactuase con él.

Los bebés suelen querer jugar «en sintonía», cuando tenéis los mismos objetivos. No es imposible adivinar lo que quiere un bebé. Con tiempo y paciencia, y con el coraje de intentarlo realmente, cualquier padre puede desarrollar un vínculo fuerte que dé pie a la creación de las conexiones cerebrales correctas en el cerebro del bebé, preparando el escenario para una infancia completa y beneficiosa.

Aprendiendo a manejar las emociones

Por sí mismo, este juego del «cucu-tras» no debería tener en un futuro un impacto decisivo entre Alex y Benjamin, pero si este tipo de interacciones se convierten en una tónica para Arthur y Boris mientras juegan con sus hijos, los efectos a largo plazo sí pueden ser significativos. A través de estos juegos interactivos, Alex recibe ayuda para controlar sus «picos» emocionales, así como también está aprendiendo que puede confiar en que su padre siempre «estará allí», lo que significa que Alex verá a su padre como una figura traquila, alentadora, y no demasiado agobiante. Una vez que Alex aprenda a caminar, tendrá a su padre como una base segura desde la que moverse para explorar el mundo, y también sabrá que su padre estará ahí para darle la bienvenida de regreso a la base si el mundo se vuelve demasiado sobrecogedor o misterioso. No hay ningún truco para saber cómo esta «base segura» que representa la paternidad marcará la diferencia, pero si el padre de Alex se las arregla para ofrecer una buena base para el desarrollo de su hijo, y el de Benjamin no lo logra; entonces Alex, manejará mejor que Benjamin las situaciones de estrés, ya que Benjamin tenderá a ser más cerrado, y por consiguiente, menos propenso a experimentar nuevas situaciones. Puede que también le sea más difícil controlar sus emociones, y disfrutar de interacciones sociales con otros.

Si bien no podemos predecir con precisión cómo se desarrollarán cada uno de los niños, por lo pronto podemos decir que Alex será más propenso a desarrollarse hasta convertirse en un tipo de niño como Mia o Frank, mientras que Benjamin puede que termine siendo un niño del tipo de Gabriella y Luke.

CORRER RIESGOS DE MANERA SEGURA

¿Juegan los padres al *cucu-trás* de manera diferente a las madres? Sí y no. La idea de proveer de una base segura a tus hijos estando en sintonía con lo que ellos piensan y sienten, y después responderles de manera apropiada, parece aplicarse igualmente tanto a las madres como a los padres. Durante muchos años, este aspecto cuidador de la paternidad, que tiene lugar cuando el bebé está intranquilo, confuso o enfadado, ha sido considerado el único ingrediente importante para que los niños crezcan bien; pero en este sentido, en la actualidad se pueden ver cambios. Los investigadores han observado los efectos de cómo los padres interactúan con sus hijos, así que en hoy en día se están comenzando a apreciar las diferencias en la forma que tienen papás y mamás de alentar a los niños, y cómo los niños exploran su entorno y empiezan a tomar ciertos riesgos por su cuenta.

En este sentido, podemos decir que incluso hay una nueva manera de comprobar la fuerza del vínculo paterno-filial. Para las madres, la mejor prueba es todavía esa en la que se deja solo al niño brevemente en la habitación, y cuando la madre vuelve, la reacción que tenga el niño, nos dirá cómo de fuerte es el vínculo con su madre. Para los padres, actualmente está en desarrollo una nueva prueba en la que el niño debe explorar un grupo de escalinatas. El asunto es intentar medir la seguridad que ofrece la base paternal y cómo anima a la exploración y a tomar riesgos (sin que haya peligro de daños, por supuesto), en lugar de intentar medir el confort que ofrece el padre al niño cuando éste se enfada.

En otra fase de la investigación, en lugar de estudiar la manera en la que un padre lanza a sus hijos por los aires, los científicos examinan como tomar y afrontar riesgos con un padre amoroso a tu lado. Y como puede ello aumentar tu fuerza emocional y tus habilidades mentales. Los investigadores se han dado cuenta de que cuando los progenitores hablan con los bebés, las madres tienden a alterar levemente a los niños, para luego calmarlos, mientras que los padres suelen alterarlos más rápidamente, formando todo un diferente patrón de emociones.[29] Sin embargo, es a la edad preescolar cuando las diferencias entre la manera en la que las madres, y los padres hacen sus labores parentales se hacen más obvias. El juego de la lucha, donde los aspectos físicos del papel del padre quedan claros, se verá más adelante, en el *capítulo 4*. Lo que podemos decir en este momento es que, si bien hay muchos solapamientos entre madres y padres haciendo el papel de base segura para sus hijos, también hay algunas diferencias muy remarcables. El vínculo paterno-filial no es exactamente el mismo que el matero-filial. En el siguiente capítulo examinaremos algunas razones sociales y biológicas del por qué la paternidad es diferente a la maternidad.

A medida que las investigaciones vayan desarrollándose, ofrecerán a los nuevos padres una información más precisa sobre la vinculación, pero tú no tienes que esperar. Cada padre es un investigador de su propio bebé. Los padres pueden aprender mucho observando a las madres haciendo cosas, pero también hay lugar para que ellos inventen sus propias estrategias de vinculación.

CONCLUSIONES

» Desde el principio, los bebés intentan formar una conexión con su padre. En el juego de la vinculación, el bebé y tú estáis en el mismo equipo.

» El tipo de vinculación que confiere a los bebés mejores oportunidades en la vida, es directamente proporcional a la sintonía entre padre e hijo en las actividades que hacen juntos.

» Los padres pueden establecer un vínculo con sus bebés durante la rutina diaria, como bañarse y vestirse.

» También pueden abrir lazos de vinculación jugando, incluso a juegos muy básicos, como el *cucu-tras*, lo que hará que el bebé aprenda lecciones básicas e importantes.

» A pesar de que hay muchas similitudes entre la manera en la que los padres y las madres conectan con sus bebés, existen algunas diferencias importantes. Los padres tienden a ser más activos y a tener menos palabrería, y suelen alentar más a sus hijos a tomar riesgos.

3

LA PATERNIDAD Y EL CEREBRO MASCULINO

Los padres tienen claro que no juegan el mismo papel que las madres. Algunas de las diferencias son obvias. Las madres son las que dan a luz y amamantan a los hijos. Los padres, no pueden. Los papás también deben reconocer que hay diferencias en el estilo de educar y ejercer de padres, así que cuando las mamás y los papás hacen la misma tarea, a menudo la resolverán de manera diferente el uno del otro. Sin embargo, en la actualidad, los padres también saben que la sociedad espera de ellos que se encarguen de muchas de las tareas que en el pasado eran obligación de la madre. Cuando las encuestas preguntan quién debería hacer el trabajo de criar a los hijos, casi todos responden que tanto la madre como el padre deben implicarse en la educación de los pequeños. Muchas madres primerizas tienen claro que los padres deben meterse en faena también con la llegada del bebé, nada de quedarse sentados para ayudar «de vez en cuando». Así que, ¿cuál es la figura del padre capaz de crear vínculos con su hijo? ¿Cuáles son, si hay algunas, las diferencias entre la paternidad y la maternidad, cuando se trata de tener lazos de unión con el bebé?

Cuando David se convirtió en Brenda[30]

David Reiner tenía ocho meses cuando el doctor utilizó una aguja electrocauterizante para quitarle su piel en una circuncisión rutinaria. Sin embargo, la operación no salió como estaba planeada, y su pene, severamente calcinado, terminó desprendiéndose a los pocos días. Lo que hace que David sea descrito como uno de los pacientes más famosos en los anales de medicina. Sin embargo, no es por aquella terrible herida infringida en el hospital, sino por el tratamiento que acordaron llevar a cabo sus padres. Los doctores en el Hospital John Hopkins, de Baltimore, un centro de investigación sexual de vanguardia, les aconsejaron que el mejor proceder para que David tuviera una vida «normal» era practicarle una operación quirúrgica para «construirle» una vagina, y ser criado como una niña. Para su crecimiento, los doctores aconsejaron un tratamiento suplementario de estrógenos para evitar que desarrollase vello y músculos en los sitios «equivocados», y así, su estructura corporal encajaría en su nueva condición femenina. A David se le cambió el nombre por el de Brenda, y se le alentó encarecidamente para que se refiriera a sí mismo como una niña. Los progresos de Brenda a lo largo de su niñez quedaron registrados y ampliamente reconocidos como «prueba» de que no es la biología quien decide si la identidad de género de un bebé, si no que ésta puede ser modelada por la manera en la que los padres, y la sociedad traten a sus hijos, haciendo finalmente que el bebé termine siendo un muchachito o una muchachita.

Para cuando David recibió su primera operación de cambio de sexo, en 1965, el movimiento de liberación de la mujer estaba siempre en titulares, desafiando las restricciones a la participación femenina en cualquier aspecto de la sociedad. El eslogan «La biología no es el destino», constituyó un importante trampolín para la teoría que apoyaba los deseos femeninos de ocupar puestos de trabajo que hasta entonces habían sido reservados para los hombres. A las mujeres se les animaba a conducir camiones y a ensuciarse los pantalones, evitando los tradicionales intereses femeninos.

El caso de David les ofreció una oportunidad perfecta para demostrar que, con un esfuerzo de los padres, y el apoyo de expertos en medicina y psiquiatría, aquel niño «normal» podría transformarse en una niña «normal». Lo que hizo que el caso de David fuera particularmente atractivo para los medios de comunicación fue que aquella re-ubicación sexual podría ser realizada al completo durante los primeros años de la infancia, antes de que su género se hubiera visto asentado por interacciones sociales. Sus padres fueron aconsejados para que lo animaran y se esforzaran en el desarrollo de «Brenda». Así que, tanto los juguetes, como las actividades y las prendas de vestir, deberían ser femeninas. Pero la cosa resulta más increíble al conocer el hecho de que David tenía un gemelo idéntico. Su hermano, Brian, se desarrolló como un niño, mientras que Brenda, quien portaba el mismo código genético que Brian, se desarrollaría como una niña, para luego convertirse en una mujer, a pesar de que sería una mujer estéril con una vagina sintética.

En diversos textos de sociología, psicología, así como de estudios sobre la mujer, se habló largo y tendido de la exitosa transformación de David, en Brenda, para así apoyar la idea de que era el cariño y los cuidados, y no la naturaleza, los que transformaban a los bebés en niños o niñas. En la revista 'Time' de enero de 1973[31] podía leerse:

«Este dramático caso da un apoyo inmenso para la opinión de la mayoría de las mujeres liberales. Los patrones convencionales sobre el comportamiento femenino y masculino pueden quedar alterados. También lanza sombras de duda en la teoría de que las diferencias sexuales, psicológicas y anatómicas, son un grupo inmutable de características dispuestas por los genes en el momento de la concepción».

La creencia de que el género se crea puramente por las convenciones sociales tiene fuertes implicaciones para los padres. Y ya que ser masculino o femenino es, de acuerdo con las evidencias mostradas en la transformación de David en Brenda, decisión de la sociedad, entonces cualquier diferencia entre padres y madres también tiene que ser puramente social. La idea de que los padres tienen un papel diferente al de las madres es una idea «pasada de moda», incentivada por los hombres que quieren esquivar su parte de responsabilidad. El problema principal, puesto a discusión tanto por el gobierno como por los medios de comunicación, es cuánto tiempo debe pasar cada progenitor con el niño, y no la manera en que tienen que cumplir sus labores.

Una indudable mentira

La indudable evidencia de que David era ahora una niña feliz, al final resultó ser una indudable mentira. Con el paso del tiempo, los artículos sobre el «éxito» de la transformación de Brenda desaparecieron de la prensa y de los informes académicos. Otros investigadores de este mismo campo empezaron a tener sus dudas y contactaron con David, quien para entonces estaba casado, y con una familia. En las entrevistas que le realizaron, David, su madre y su esposa contaron una historia completamente diferente a cómo David había reaccionado al ser criado como una niña. Contraria a la imagen pública en la que se decía que los padres de David lo habían guiado con sumo cuidado hacia su feminidad, a los investigadores se les informó de los continuos conflictos entre David y sus padres por los fuertes deseos de éste de ser un niño, y no una niña. Decía su madre:[32]

> *«Inmediatamente después de que fuera operado, el doctor nos dijo que deberíamos empezar a tratarlo como si fuera una niña, que hiciera cosas de niña, y que le pusiéramos ropa de niña, pero aquello fue un desastre. Cuando le puse este precioso vestido que le compré, él inmediatamente intentó quitárselo a tirones. Creo que se dio cuenta de que era para niñas, y de que él no era una niña».*

Cuando David llegó a la adolescencia, retomó su identidad masculina. Para cuando fue entrevistado por los investigadores, él ya estaba casado, viviendo con su esposa y sus tres hijastros. Recordaba con angustia, ira y frustración cómo sus intentos de volver a ser un chico le habían sido denegados. No solo rechazaba aquella ropa del armario que le parecía tan cursi y delicada, sino que jugaba a juegos de niños, intentaba orinar de pie, y prefería las metralletas a las muñecas. Un día, David incluso confesó a su aturdida profesora de parvulario que quería ser basurero. Al final, la «corrección» de la identidad de David demostró ser un catastrófico fracaso. Siete años después, sus entrevistas fueron publicadas en forma de libro. David tomó las riendas de su propia vida, y ahora tiene 38 años.[33]

El cerebro: tu órgano sexual más importante

La decisión que David tomó al llegar a la adolescencia de dejar de vestirse, actuar y vivir como Brenda, y de empezar a vivir como alguien del género masculino fue loable, ya que sus padres no le habían dicho que originariamente, nació niño. David descubrió su historial quirúrgico cuando decidió dejar de vivir como mujer. Su familia intentó hacerle creer que era una chica, siendo coherentes en tratarlo como tal, alabando y recompensando todos los comportamientos femeninos que tenía. Pero David no se sentía cómodo con aquella ropa, aquellos juegos, y aquellas amistades. La cirugía tal vez hubiera cambiado sus genitales para convertirlo en mujer, pero su cerebro demostró ser su órgano sexual reinante. Concretamente, eran la estructura y los patrones del cerebro de David los que lo hacían un ser del género masculino.

GÉNEROS DIFERENTES, CEREBROS DIFERENTES

Si llegaste al mundo hace ya unos cuantos años en el *Hospital Rosie*, adjunto a la Universidad de Cambridge, en Inglaterra, puede que seas uno de los cien niños o niñas que tomaron parte en una simple pero importantísima investigación en la que se intentó comprobar si era la biología o la sociedad la que explicaba las diferencias entre el comportamiento masculino y el femenino.[34]

Durante el primer día de tu vida, cuando más relajado estabas en tu cuna, pero sin llegar a estar dormido, puede que vieras una imagen sobre ti, justo dentro de tu campo de visión (unos veinte centímetros). Puede que miraras ese rostro durante un rato, y que luego te distrajeras para después cerrar tus ojos o apartar la mirada. Al cabo de un momento, apareció otro rostro, justo en la misma posición. Una vez más, te quedaste mirando al recién llegado durante un rato, para luego dejar de prestarle atención. Tal vez no pudieras verla desde tu posición en la cuna, pero allí había una cámara centrada en tus ojos para grabar con exactitud cuando tiempo observas cada rostro. Concluyendo así tu contribución con la ciencia, puede que a continuación miraras a tu alrededor buscando algún pecho, o aún mejor, quizá te echaste una siesta.

Los bebés involucrados en este estudio, femeninos o masculinos, en realidad no miraban a dos rostros, sino a un rostro humano, y a una bola que había sido modelada específicamente para que pareciera un rostro humano. El rostro humano real era el de una científica investigadora, con el pelo recogido, y sin maquillaje ni bisutería. Simplemente, asomaba el rostro por la cuna y sonreía al bebé, movía un poco la cabeza, tal y como lo hace alguien que se asoma a la cuna para echarle un vistazo a un bebé, pero con la precaución de no hacer ningún ruido ni alterar su expresión.

El segundo rostro era una bola esculpida que se asemejaba en forma y color a la cara de la científica. El movimiento de esta segunda imagen, se realizaba de manera mecánica para que estuviera dentro del rango de movimiento de una cabeza humana. Los dos rostros se les aparecían a los bebés al azar, para apreciar los efectos que producían cada una de las caras en el bebé cuando éstas aparecían sin que las esperaran.

Una diferencia al tener un día de edad

Cuando se cronometró el número de segundos que cada uno de los bebés pasaba mirando los rostros, quedó marcada una clara diferencia entre los bebés masculinos y los femeninos. Por término medio, los niños miraban más tiempo a la cara artificial de movimientos mecánicos, que al rostro real. Las niñas, todo lo contrario.

Tal y como los investigadores resaltaron en el informe final del experimento, la diferencia de atención entre los niños y las niñas no podía considerarse culpa de los mensajes captados a través de la televisión, de sus padres o de cualquier otra cosa, que los hubiera podido condicionar en su decisión en lo que era apropiado para niños, y que era apropiado para niñas, ya que estos niños tenían tan sólo cuatro días de edad. La preferencia de los niños por el rostro artificial, tal y como sugiere con insistencia el experimento, se encuentra en el interior de los cerebros de los niños, grabada con fuerza durante su gestación en el vientre de la madre.

Cómo la testosterona ayuda a formar el cerebro masculino

El principal causante del desarrollo del cerebro masculino es la testosterona. La testosterona es una hormona que producen los hombres en los testículos (y, en cantidades más pequeñas, en otras glándulas) casi inmediatamente después de nacer. Es la puntual subida de testosterona en la pubertad la que hace que crezca el vello facial en el rostro, la que hace aumentar la densidad de los huesos, aumentar el tamaño de la espalda, la aparición de la nuez de Adán, y los cambios en el tono de voz. Pero esta no es la única vez en la que hormonas como la testosterona van a provocar cambios y efectos en el bebé. En los meses siguientes al nacimiento, los altos niveles de testosterona aseguran un desarrollo apropiado y completo de los órganos sexuales masculinos. Junto a otro tipo de hormonas, la testosterona evita que se forme un útero, pero no solo afecta a los órganos sexuales. A lo largo de toda la época de gestación, todos los fetos masculinos están sujetos a altos niveles de testosterona, así que cualquier parte del cuerpo que se esté desarrollando en ese momento, como por ejemplo, el cerebro, también se verá afectada por esta subida de hormonas.[35]

Para los científicos, la manera más clara de identificar el efecto de una hormona como la testosterona en el desarrollo del cerebro, fue realizar un experimento donde algunos fetos tenían más nivel de testosterona, y otros menos (o ninguno), para luego seguir su desarrollo y ver si había diferencias en el comportamiento después de que nacieran. Por razones éticas, no podemos alterar deliberadamente el nivel de hormonas en un bebé que se está desarrollando, pero podemos aprovechar de los casos «naturales» donde los niveles hormonales en los bebés varían durante el embarazo, para luego poder observar o medir el comportamiento de estos bebés a medida que van creciendo.

Experimentos con Testosterona

Imagina, por ejemplo, que han nacido niñas que, a pesar de pertenecer al género femenino, estuvieron expuestas a altos niveles de hormonas masculinas, como por ejemplo, la testosterona, durante su gestación. Si a estas niñas las comparamos con aquellas que han tenido un desarrollo normal, sin ningún tipo de hormonas masculinas, podríamos observar que estos dos grupos diferenciados de niñas tienen un comportamiento diferente.

A algunos bebés, tener un defecto genético les conduce directamente a esta situación. En al menos una de cada doce mil niñas, el defecto de una encima causada por un simple gen produce cantidades de testosterona extra desde el principio de la gestación. La mezcla de testosterona con otras homonas masculinas no es suficiente como para desarrollar órganos sexuales masculinos (a pesar de que las niñas recién nacidas con esta condición a menudo padecen de ambigüedad genital), si bien los niveles de testosterona son notablemente altos.

Los resultados de los estudios realizados sobre estos bebés durante su niñez y madurez son los esperados. La niñas afectadas por altos niveles de testosterona muestran interés por las típicas actividades masculinas, disfrutan más jugando a «las peleitas», y son superiores en las tareas mentales, como lo es por ejemplo rotar un objeto en el espacio mentalmente, para poder «ver» su lado oculto.[36] Son más agresivas y tienen menor interés en los niños pequeños. Se describen a sí mismas como menos empáticas y maternales que el resto de las niñas.

¿Cuáles son los niveles normales de testosterona?

Un grupo de investigadores de Gran Bretaña reconocieron que la amniocentesis, procedimiento por el que se extrae parte del líquido amniótico del vientre de la madre durante la gestación, ofrecía una forma de medir el nivel de testosterona del feto. Obtuvieron una medida clara de los niveles de testosterona analizando el líquido amniótico de un grupo de bebés, para luego hacerles un seguimiento hasta que cumplían los cuatro años. Los resultados de las pruebas realizadas a diferentes edades mostraron que los altos niveles de testosterona durante el embarazo estaban directamente relacionados con el número de contactos visuales que tenían los bebés de un año con sus madres.[37]

A principios de los años sesenta, en territorio norteamericano, a las mujeres embarazadas que estuvieran dentro de un seguro médico ampliado, se les extraía la sangre para dejarla almacenada durante treinta años.[38] Gracias a esto, los investigadores fueron capaces de medir el nivel de testosterona en la sangre de la madre incluso antes del parto, y luego contactar con estas madres y sus hijos cuando éstos eran ya adolescentes, para después volver a contactar con ellos a los 25-30 años de edad. Ya que los efectos de la testosterona de la madre son mínimos comparados con la testosterona producida por los bebés masculinos, tan solo se retomó el contacto con las hijas para terminar de realizar las entrevistas, y para medir el nivel de testosterona en aquel momento. Los investigadores estaban muy interesados en ver cómo niveles hormonales, como lo era el de la testosterona, por ejemplo, antes del nacimiento podían haber influido en el desarrollo y crecimiento de las niñas. Para saberlo, hicieron una prueba en la que delimitaban el interés de estas chicas por los niños y los quehaceres del hogar, tanto si se ocupaban ya como si no de estas labores típicamente femeninas, y si eran femeninas en su apariencia (por ejemplo, si llevaban maquillaje, o joyas).

Lo destacable de este estudio fue que los efectos de la testosterona prenatal eran evidentes incluso treinta años después. Las mujeres en el nivel más bajo de la escala (menos femeninas), tenían un empleo típicamente masculino, y llevaban menos joyas y maquillaje que aquellas que tuvieron niveles más altos de testosterona antes de nacer.

Tus propios niveles de testosterona

Si perteneces al género masculino, es casi seguro que desde la sexta semana después de que fueras concebido, tus testículos se empezaran a formar y a producir testosterona. Durante las siguientes treinta y cuatro semanas, mientras se construyeron todas las partes y órganos de tu cuerpo dentro del vientre de tu madre; las hormonas, incluyendo la testosterona, dieron forma y dirigieron tu crecimiento.

Junto a todos los aspectos importantes del desarrollo del cerebro, tus dedos se formaron igualmente en longitud y forma. Este proceso también está influenciado por tu nivel de testosterona. La longitud de los dedos de la mano varía considerablemente entre la gente, pero siempre sigue un patrón normal donde el dedo medio es normalmente el más largo, y el dedo más alejado del pulgar siempre es el más corto. Sin embargo, los científicos han descubierto un intrigante indicador de los niveles de testosterona durante el embarazo, que no es otro que medir la longitud de los otros dos dedos.[39] Si numeramos los dedos (incluyendo el pulgar) y empezando por éste, entonces el dedo índice sería el número 2 (2D), según el diagrama de la página siguiente, así como el anular sería el número 4 (4D). Cuando se comparan las longitudes de estos dos dedos, 2D y 4D, la diferencia que encontramos es un indicativo del nivel de testosterona, tanto en adultos, como durante la gestación. Cuanta más grande sea la diferencia entre la longitud de estos dos dedos, más grande será el nivel de testosterona que circula por el vientre antes de que el bebé nazca. La diferencia entre la longitud de 2D comparada con 4D es normalmente más grande entre los bebés masculinos que en los femeninos, pero entre los primeros siempre hay una considerable variedad. Ya que el nivel de testosterona afecta al desarrollo de tantas partes y sistemas del cuerpo, los hombres con una gran diferencia (por ejemplo, con el 2D más corto que el 4D, lo cual significa un alto nivel de testosterona) pueden terminar mostrando diferentes habilidades y comportamientos que los hombres que tuvieran niveles de testosterona más bajos antes de nacer.

Esto es lo que docenas de estudios han demostrado: los hombres con una mayor diferencia entre el 2D y el 4D son mejores en deportes de alto rendimiento, como pueden ser el fútbol, y son más proclives a pertenecer a una orquesta sinfónica. Por otro lado, una gran diferencia entre el 2D y el 4D también conlleva a un mayor riesgo de autismo, más dificultades para aprender, así como un alto riesgo de déficit de atención.

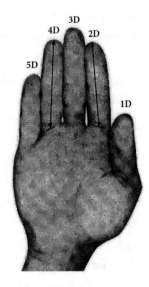

Lo cierto es que hay muy poca gente que se preocupe por esto, pero cuanta mayor es la diferencia (lo que implica, repetimos, un mayor nivel de testosterona) mayores oportunidades tendrá ese hombre de ser visto por las féminas como más masculino, o atractivo. Así que, ahora tienes una manera de medir cuanta testosterona te rodeaba antes de que nacieras. Simplemente, mide tu 2D y tu 4D de tu mano derecha, y compara las medidas. Ahora podrás pasar un buen rato con tus amistades masculinas comparando dedos. Parece que... a fin de cuentas... ¡El tamaño si importa!.

LAS DIFERENCIAS NO ACABAN AQUÍ

Los neurocientíficos han usado las tecnologías más innovadoras de emisión de positrones para medir las reacciones de cerebros masculinos y femeninos expuestos a una serie de películas con imágenes muy violentas.[40] Como resultado, encontraron que el número de escenas de alto contenido violento que los individuos podían recordar de la película, estaba directamente relacionado con el grado de actividad de su amígdala cerebral durante la proyección, ya que esta zona se puede considerar como una parte del cerebro que establece recuerdos de incidentes emocionalmente fuertes; pero a su vez, los investigadores también se dieron cuenta de que los hombres tan solo reaccionaban con el lóbulo derecho de la amígdala, mientras que todas las mujeres reaccionaban con el lóbulo izquierdo, sin que hubiera ninguna excepción. Más tarde, comprobaron la teoría de que mientras la parte izquierda del cerebro procesaba los detalles de una situación, la parte derecha procesaba tan solo los aspectos básicos.

Tanto a los hombres como a las mujeres se les administró una droga que provocaba la humidificación de la amígdala cerebral antes de mostrarles las imágenes de un joven atrapado en un terrible accidente. A los hombres les costó más recordar los aspectos básicos del suceso, por ejemplo, que el chico había sido atropellado por el coche. Sin embargo, el efecto de la droga en las mujeres les dificultó la tarea de recordar los detalles de la historia, tales como que el chico llevaba en sus manos un balón de fútbol. Los científicos también efectuaron otros experimentos sobre las diferencias de las regiones cerebrales entre un hombre y una mujer, en las que se medían los niveles de lenguaje, memoria, emoción, visión, percepción auditiva, y orientación (los hombres medían a «ojo de buen cubero», mientras que las mujeres realizaban medidas exactas con instrumentos).

Las mujeres científicas también observan diferencias en el cerebro

La *Sociedad para la Investigación de la Salud de la Mujer* está formada por un grupo de mujeres, todas eminentes científicas que tuvieron éxito a la hora de presionar al *Instituto Nacional de Salud de los EEUU*, insistiendo en la idea de que las mujeres también tomaran parte en todas las investigaciones que se realizaran sobre el ámbito de la salud.[41] Desde entonces, los investigadores tienen que explicar cuidadosamente por qué, si están investigando una nueva droga o tratamiento, no utilizan mujeres en sus pruebas. Una vez que la *Sociedad* consiguió este logro, se decidió sopesar las diferencias entre el cerebro masculino, y el femenino. ¿Por qué? Porque, a la hora de diagnosticar enfermedades o aplicarles un tratamiento efectivo, las diferencias entre el cerebro de un hombre y una mujer, cuentan. Esta *Sociedad para la Investigación* ha invertido más de un millón de dólares en el estudio de las diferencias cerebrales según el género, lo cual ayudó a combatir dolencias como la esclerosis, la depresión profunda, la demencia, y los dolores crónicos, ya que todas estas enfermedades afectan de manera diferente a hombres y mujeres.

No todo el mundo acepta estas diferencias

Ya nadie discute sobre la existencia de diferencias entre el cerebro masculino y el femenino. En la actualidad, científicos de todo el mundo investigan no ya si existen diferencias, sino cómo llevar un recuento de todas las diferencias existentes, para así refinar los diagnósticos y tratamientos en las enfermedades graves. En el ámbito social, donde siempre se discuten las labores paternales, todavía vemos profesionales que hablan de los «padres» como si las madres y los padres cumplieran exactamente el mismo papel. Puede que califiques esto de cierta ignorancia, pero hay que tener en cuenta que a lo largo de los años 70, 80 y 90 en las escuelas, institutos y universidades se impartía a los futuros padres la idea de que el cerebro de los hombres y el de las mujeres no eran diferentes, así que no llega a sorprender que aún para muchos profesionales, la mera idea de que pueda haber diferencias básicas entre padres y madres es difícil de considerar. Para finalizar este comentario entre las diferencias cerebrales, dejamos un pequeño ejemplo del tipo de variaciones que están siendo descubiertas hoy en día.

¿Oye lo mismo un padre que una madre cuando un bebé llora?

El llanto de un bebé en una habitación es un sonido que todo el mundo escucha exactamente de la misma manera. Al oírlo, puede que las mamás reaccionen de forma diferente a los papás, pero el sonido del llanto en sí se podría decir que es el mismo para ambos. Para ahondar más en este asunto, se hizo una grabación del llanto de un niño, para después reproducirlo delante de padres y madres con sus cerebros conectados a un ordenador a fin de analizar así su actividad cerebral.[42] A pesar de que el llanto activó la misma parte del cerebro tanto en ellos como en ellas, los niveles de activación de las madres diferían significativamente de los de los padres. La respuesta cerebral de las madres sugería que el llanto la «preparaba» con celeridad para que entrara en acción. El cerebro del padre también reaccionaba, pero no con la misma urgencia para moverse. Por supuesto, las diferencias también podían deberse a la educación recibida por los hombres. Tal y como explicaremos en la siguiente sección, el cerebro de un bebé también queda influenciado por las experiencias pasadas durante sus primeros años de vida, así que la diferencia femenino-masculina en respuesta al llanto del bebé, puede que no sea debida a los niveles de testosterona. Por otro lado, acumulando las evidencias de la existencia de un componente biológico que influye en el comportamiento social, no es sorprendente caer en la cuenta de que el cerebro de los hombres responde de manera diferente al llanto de un niño, pero no por las películas que ha visto, o por lo que ha aprendido sobre su papel como hombre, sino porque las hormonas que tenía alrededor mientras estaba en el vientre de su madre, configuraron su cerebro de esa manera.

El siguiente paso de la investigación será examinar con más detenimiento cómo se desarrolla el cerebro en los bebés varones de acuerdo con las experiencias sociales pasadas en su niñez y adolescencia, lo que dará como resultado, en un futuro, diferentes formas de paternidad. Diversos estudios muestran cómo los niveles de testosterona de los padres pueden caer a medida que se aproxima el nacimiento de su hijo, preparándolos para adoptar un papel más cuidadoso y cariñoso. En algunos animales se han descubierto genes concretos que estimulan la vinculación en los machos y el comportamiento maternal en las hembras.

DE ACUERDO, HAY DIFERENCIAS. ¿Y AHORA QUÉ?

Si el cerebro de los niños es realmente diferente al de las niñas, hay dos zonas donde podemos ver los efectos de esta estructura cerebral: los chicos se han desarrollado de manera diferente a las chicas, por lo que los padres también realizarán sus labores paternales de manera diferente a las madres. La idea de que los chicos puedan beneficiarse del entorno especial donde satisfacer sus necesidades masculinas tampoco es nueva, por supuesto. Hace unos años, lo normal era que hubiese colegios solo de chicos, basándose en la idea de que el cerebro de los niños era superior al de las niñas. Las diferencias entre el género masculino y el femenino, descubiertas durante los años 90 (la *Década del Cerebro*) pusieron fin a la idea de que el cerebro de un sexo era mejor que el otro, mostrando que había muchas diferencias (sin que ninguna de ellas tuviera que ver con el tamaño del órgano) entre el cerebro de los niños y las niñas.

A esto le siguió, por supuesto, la creencia de que los niños y las niñas necesitaban escuelas, profesorado y una educación diferente en según que áreas. La primera elección más obvia, por supuesto, eran los juegos.[43] Los chicos tienden a participar en juegos más activos y de contacto físico, preferiblemente, en los que tenga un puesto predominante la persecución a otros niños, empujar y luchar. Es una de las diferencias sexuales mejor establecidas que conocemos.

Ya que uno de los factores más importantes a la hora de criar a un niño es satisfacer todas sus necesidades e intereses, controlar la energía física del pequeño de manera que no conduzca a una escalada de conflictos o a ignorar otras necesidades del muchacho, puede llegar a ser una función importante de la paternidad, ya que de por sí, los padres tienen un importante papel a la hora de controlar las acciones y aptitudes físicas de sus hijos (más adelante, en el *capítulo 4*, se dan a conocer las evidencias de que el jugar afecta al desarrollo del cerebro, respecto a lo que ya se sabe sobre las necesidades de los niños y las niñas durante el desarrollo, para dar así a conocer algunas de las responsabilidades más importantes dentro de las labores del padre y la madre).

Sin embargo, la manera de educar de los padres no solo difiere de la de las madres en puntos concretos, como por ejemplo, en lo que respecta al juego de la lucha. Los padres también se diferencian de las madres en la forma en la que tratan y mantienen el contacto diario con sus hijos. Una paternidad positiva ofrece a largo plazo al hijo un aumento de sus habilidades y autoconfianza. Lo expuesto a continuación nos da a conocer una solución a un problema típico de los padres respecto al horario nocturno.

UN ENFOQUE PATERNO

Son aproximadamente las tres de la mañana. Jemima, que tiene trece años, llega junto a nuestra cama bañada en lágrimas. Quiere volverse a dormir después de una pesadilla, pero está agobiada por estar despierta, porque mañana tiene clase. Yo, que tengo el sueño ligero, me he despertado de inmediato, Hanna todavía sigue dormida a mi lado. Ella es la especialista en «asuntos adolescentes nocturnos», así que espero a ver si escucha a Jemima sorbiendo y se levanta, pero no tengo suerte, así que aspiro hondo, y me llevo a Jemima al salón.

-«Maldita sea» pienso, «a mi esto no se me da bien, yo no soy el que comenta los miedos y razona hasta que las pesadillas desaparecen».

Además de todo esto, son las tres de la mañana, y yo me tengo que levantar temprano para devolver el coche de la empresa. Normalmente, lo hago así. Cuando vuelvo del trabajo a casa en el coche de la empresa, y el día siguiente lo tengo libre, normalmente me levanto muy temprano para llevar de vuelta el coche. Luego vuelvo caminando a casa disfrutando del aire frío del amanecer. Tardo una hora en recorrer esos siete kilómetros, una buena caminata que atraviesa el hospital, el restaurante de comida rápida, y el polígono industrial.

—«¿Te apetece dar un paseo?» –le pregunto a Jemima.

Durante un momento, se queda en silencio, limpiándose con la mano.

—«Eehh... de acuerdo» –me contesta finalmente, no muy convencida.

Nos vestimos rápidamente, para luego conducir a través de calles desiertas. Finalmente, aparco el coche, echando a continuación las llaves por el buzón de la puerta de la oficina, para luego ponernos en camino. Son cerca de las cuatro de la mañana, y no puedo evitar escuchar una vocecita en mi cabeza diciéndome: «Oye, ¿Ir por aquí es seguro?». Así que, finalmente no vamos por el callejón que hay detrás de la estación eléctrica. Mientras subíamos por la cuesta que lleva a la calle principal, vemos las luces de la ciudad, y Jemina empieza a preguntarme sobre algo que estamos empezando a vislumbrar. Frente a nosotros hay un hombre bajo las luces de la farola, esperando a que lo recojan para ir al trabajo (¿a qué se dedicará?). También hay luces encendidas en algunas casas.

Allí, entre tanta quietud, se ve raro ver algunas ventanas de dormitorio abiertas, y oír el sonido de algunos cuartos de baño. Un camión pasa por nuestro lado mientras subimos la cuesta. Dobla la esquina y vemos que ha perdido parte de su carga. A lo largo del camino han caído varios chandals empaquetados en grupos de dos. Tomamos un par y nos lo probamos por encima de la ropa, pero son muy pequeños. Pasamos junto al hospital, totalmente sumido en el silencio típico de su actividad, y casi nos asustamos cuando una ambulancia pasa con la sirena a todo volumen por nuestro lado. Finalmente, llegamos al polígono industrial. Justo después de unos talleres, está la 'Taberna Sunnyside', ya cerrada a esa hora, pero dentro podemos ver a varios hombres con monos de trabajo sentados en la barra, bebiendo y riendo entre las sillas recogidas encima de las mesas. Nos saludan desde dentro y al pasar junto al bar, nos piden que entremos, pero nosotros seguimos andando, tomando yo una actitud protectora, no sintiéndome demasiado cómodo ante la posibilidad de estar con la bella señorita de trece años que me acompaña rodeada de media docena de borrachos.

Ya en el tramo final a casa, se ven en el cielo las primeras claras del día, mientras el camino nos lleva a pasar por delante de una vieja iglesia católica que hay en una esquina, y el atisbo de un perro negro que pasa corriendo junto a la puerta de la clínica veterinaria. Mientras seguimos caminando, hablamos sobre lo que vamos a hacer durante el día, y demás cosas sin importancia. Una vez llegamos a casa, Jemima dice que será capaz de retomar el sueño, así que, con gran placer pongo la alarma del reloj un poco más tarde, y me vuelvo a meter bajo las sábanas junto a Hannah, quien se estira, pero sigue durmiendo.

¿Pueden ser realizadas estas labores paternales por una madre? Probablemente, sí. El cerebro masculino del padre no le dicta como resolver los «problemas» de una jovencita que no puede dormir. Sin embargo, ese mismo cerebro, además de su cuerpo masculino, hace más óptimo al padre a la hora de lidiar con cualquier asunto que se pudieran encontrar mientras caminan por la oscuridad del polígono industrial.

Hasta hace poco, estaba bien aceptado que cuando los padres hacían algo de manera diferente a las madres, no es simplemente que actuasen de manera diferente, sino también de manera inferior. Hoy en día, debido al aumento del interés por parte de los padres, tenemos más posibilidades de las que sacar provecho. Así que, volvamos a ver qué es lo que han descubierto los investigadores sobre los efectos de los padres en el desarrollo de los niños. Tenemos tres ejemplos, tomados de un gran número de estudios que examinan los efectos de la paternidad y la maternidad.

PREPARANDO A TU HIJO PARA IR A LA ESCUELA

Los primeros días escolares de tu hijo serán muy importantes para él, y para ti también. Todos queremos que a nuestros niños les vaya bien en la escuela, y que destaquen en clase no es tan importante como que sepan tratar con el resto de sus compañeros y profesores. La influencia de un padre en las habilidades sociales de su hijo puede ser un factor muy importante en su éxito escolar. En un estudio se midió la manera en la que los padres y las madres jugaban con sus pequeños y posteriormente, la manera en la que el chico se adaptaba a la escuela. ¿Cuál crees que fue el resultado? Dado que las madres son las que pasan más tiempo con sus hijos, sobre todo durante los primeros años, es lógico esperar que la manera en la que ella juega con el niño tendrá más repercusión. La pregunta que ahora se nos plantea es: ¿tiene el padre algo que añadir a ese efecto materno?

Padres que influyen en las habilidades sociales

Investigadores de los Estados Unidos han hecho algunas grabaciones donde se recogen imágenes de padres y madres realizando tareas con sus hijos mientras estaban en parvularios o preescolar.[44] Se les preguntó a algunos maestros que calificasen a sus hijos según su comportamiento y habilidad social durante los primeros años de escolaridad. A cada una de las parejas formadas por padre e hijo y madre e hijo, se les pidió que completaran una serie de tareas, tales como jugar con un conjunto de juguetes con formas de animales, o dibujar un barco juntos, usando un *Telesketch* (un juguete que sirve para dibujar cosas con un puntero mediante un par de controles, usando en este caso el padre uno de ellos y el hijo otro, para así tener que coordinarse al dibujar el barco).

Se analizaron las grabaciones en las que se les veía jugando. Cada madre y cada padre recibieron en consecuencia una puntuación dependiendo de lo bien que hubiesen correspondido a la sensibilidad del niño, y de cómo alentaron a éste para que explorara e investigara por su cuenta. La mejor predicción que se puede hacer respecto a las habilidades sociales de un niño (y la mejor manera de disminuir posibles problemas en el comportamiento) se correspondió con el grado en que los padres eran receptivos y apoyaban el ánimo de exploración en su hijo. Las interacciones con las madres fueron menos importantes.

Padres que influyen en las habilidades intelectuales

El estudio con el *Telesketch* se hizo en padres con sueldos por encima de la media, así que los resultados, y las conjeturas obtenidas de estos no pueden aplicarse a todas las familias de los EEUU. Además, las mediciones de la sensibilidad paternal y el comportamiento de los niños fueron recogidas casi al mismo tiempo, por lo que el nexo entre el comportamiento de los padres durante el juego, y el comportamiento de los niños en la escuela no es del todo certero.

Un estudio más extenso, también realizado en los Estados Unidos, comparaba la influencia que los padres y las madres con un sueldo bajo ejercían en la manera de pensar de sus hijos, y su habilidad para explicar sucesos, o resolver simples problemas matemáticos.[45] Durante este estudio, se grabó a los padres jugando con sus hijos de dos años. Las cintas fueron evaluadas según la manera en que los padres percibían las cosas desde la perspectiva de los niños, en la cantidad de cariño demostrado por el padre durante el juego, y en el ahínco con que el padre o la madre alentaba las habilidades del niño durante el rato de juego. Las cualidades negativas, tales como de aburrido, o malhumorado, estaba el padre, también fueron evaluadas durante la grabación. Tres años después, los niveles de matemáticas y lenguaje del niño fueron igualmente determinados por examinadores que no sabían nada sobre la manera en la que los padres jugaban con sus hijos. El estudio concluyó (sin que sorprendiera a nadie) resolviendo que los niños de papás más afectivos sacaban las mayores puntuaciones en los problemas matemáticos y en el lenguaje, mientras que aquellos con padres menos afectivos, sacaban una puntuación menor. Lo que también quedó claro, sin embargo, es que el efecto positivo de tener un progenitor afectivo no dependía de si éste era la madre o el padre. Los niños con más alta puntuación simplemente procedían de familias donde tanto el padre como la madre eran afectivos con ellos. El efecto y el resultado de jugar con el niño era igual de fuerte entre padre e hijo, como entre madre e hijo.

CUANDO EL PADRE NO LO HACE BIEN

Desafortunadamente, que un padre no realice bien sus labores paternales, puede traerle consecuencias al niño. Por ejemplo, si el progenitor padece de depresión, afectará a la manera en la que ejercerá como padre, lo que perjudicará, a su vez, al niño.

En el Reino Unido, más de doce mil padres primerizos fueron examinados en busca de síntomas de depresión dos meses después de que se produjeran los partos de sus respectivos vástagos.[46] Trescientos de estos padres dieron puntuaciones muy altas en la prueba, lo que significaba que eran propensos a entrar en un estado depresivo.

Aproximadamente tres años después, a sus hijos también se les realizaron pruebas para identificar cualquier tipo de problema emocional o de comportamiento. Cuando se comparó el grupo de padres depresivos, con el de padres no depresivos, los niños de los primeros tenían el doble de posibilidades de tener desórdenes de carácter emocional o de comportamiento (el triple, en el caso de que se tratara de niños varones). Un aspecto importante de este resultado fue que el hecho de que la madre también sufriera de depresión no importaba, los resultados respecto a los padres seguían siendo iguales. Por supuesto, si la madre sufría de depresión, también tenía consecuencias negativas sobre el niño, pero si no la sufría, ello no cancelaba el efecto de la depresión del padre.

Una advertencia sobre la culpabilidad

Hay padres que pudieron pasar una depresión cuando sus hijos eran pequeños, o puede que se sientan un tanto desanimados ahora. La evidencia de que las depresiones paternas (y maternas) han afectado a algunos niños está ahí, pero en este estudio también hay multitud de casos en el que los hijos de padres depresivos se han criado de forma normal y actualmente están en perfectas condiciones. Que el progenitor pase por una depresión no afecta a todos los niños de la misma manera, incluso aún cuando el efecto general queda comprobado. Además, la depresión es tratable y no es un mal que dure siempre. Incluso aquellos que sufren de depresión crónica tienen periodos de sentirse bien, y mal. Lo más importante es que los padres que se sientan mal, no duden en pedir ayuda.

ESTAMOS JUNTOS EN ESTO

Cuando era aprendiz de fontanero y trabajaba en la construcción, observaba a mi alrededor y pensaba que estábamos haciendo un «trabajo de hombres». Cuando volvía a casa después de mi jornada laboral y me sentaba para tomar la comida preparada por mi madre, veía aquello como «trabajo de mujeres». No es que fuera un punto de vista particularmente científico, simplemente observaba qué tipo de tareas eran desempeñadas por mujeres y qué trabajos eran realizados por hombres.

Años después, cuando estudiaba para convertirme en maestro, fui bombardeado por la evidencia de que la sociedad, y no la genética, es la que dispone cada comportamiento, qué es la que define una actitud y una sensación típica en hombres y mujeres. Para cuando me gradué y empecé a impartir clases de ciencia a adolescentes, estaba plenamente preparado basándome en las evidencias, quería ser un buen consejero para las chicas a las que impartía clases, es decir, a la hora de tomar importantes decisiones respecto a sus carreras, así como asesorarlas en otros asuntos.

Ahora, como padre, todavía promuevo la plena participación de las mujeres en todos y cada uno de los aspectos de la sociedad, pero también tengo en consideración las evidencias que ahora tenemos respecto a las mujeres y los hombres.

Hemos amasado suficientes pruebas como para contemplar esta cuestión: ¿es la biología o la sociedad lo que hace ser lo que son a los hombres y las mujeres?, asumiendo que la responsable tenga que ser una cosa o la otra. Aunque, de hecho, son ambos factores los que dictaminan la respuesta a la pregunta. ¿Tiene la biología algo que ver? Por supuesto. Tenemos que tener en cuenta las diferencias biológicas, así como las sociales, entre un hombre y una mujer con el fin de realizar la mejor de las labores paterno-maternales en beneficio de nuestros hijos.

LA PATERNIDAD Y LA MASCULINIDAD

Si el cerebro masculino de un bebé se desarrolla para ser un cerebro masculino que algún día ejercerá su paternidad, cabrá esperar que el estilo de educación del padre difiera del de la madre. Cuando a esto le añadimos lo que ya sabemos de la vinculación, también deberíamos esperar la aparición de diferencias entre la forma en que los padres y las madres realizan sus conexiones con el recién nacido, para luego, seguirlas durante la infancia del niño.

Los resultados de los estudios sobre el desarrollo de los niños, nos dicen que la labor de los padres es muy importante, ejerciendo una influencia tan fundamental como la de las madres. Lo que estamos empezando a comprender ahora es cómo los padres pueden hacer esta conexión con sus bebés y niños. Podemos percibir ciertas similitudes, ya que algunas actividades utilizadas a la hora de establecer estos vínculos, son las mismas tanto en padres como en madres, pero también estamos empezando a ver que los padres son más propensos que las madres a realizar labores activas para formar conexiones, así como a alentar a que se tomen riesgos y decisiones. En el siguiente capítulo abordaremos esta cuestión. Pero antes, vamos a explicar una historia de madres solteras.

La importancia de los padres para la educación de los niños, y cómo estos realizan de manera diferente a las madres

LAS MADRES SOLTERAS DAN LA BIENVENIDA A LOS PADRES

Cuando comenzamos un proyecto para involucrar a los padres en una escuela situada dentro de una urbanización de viviendas de protección oficial, el director se preocupó por el efecto que produciría este estudio en las madres. El objetivo era hacer que los padres o las figuras paternas leyeran a sus hijos, que les enseñaran algo de jardinería, y que en general, les hablasen de la vida que suele llevar un hombre. La preocupación del director se centraba en si las madres de familias sin figura paterna se opondrían al proyecto, así que tuvimos una reunión con ellas para conocer su punto de vista. Nos enviaron dos mensajes. Primero, nos dijeron que ya era hora de que los padres empezaran a moverse y ayudaran con las cosas de la escuela. El segundo, que no querían que nadie supervisara sus esfuerzos. Les ponía algo nerviosas que nos entusiasmáramos tanto con la involucración que olvidásemos que hasta ahora, las madres solteras lo habían estado haciendo todo ellas solas, tanto la parte de la madre, como la del padre. Tomamos nota de sus preocupaciones, y el proyecto produjo un cambio en la escuela, haciendo que muchos padres se involucraran en más actividades culturales, de mantenimiento y deportivas. Los profesores se dieron cuenta de que tener más voces masculinas en el recinto tuvo un efecto positivo en el comportamiento de los niños. Desde entonces, no hubo más quejas de las madres.

sus labores paternales, es uno de los mensajes más importantes de este libro, pero eso no significa que las madres no sean importantes, o que se deba supervisar las labores de una madre soltera a la hora de criar a un hijo.

CONCLUSIONES

» La sociedad puede moldear la manera en la que crecen los niños y las niñas, pero no puede cambiar y hacer que los niños sean niñas, y que las niñas sean niños. Ser una persona de género masculino es más que un condicionamiento social.

» La masculinidad está en nuestro interior: incluso un niño de un día de vida puede tener diferentes reacciones a la hora de observar caras que una recién nacida del mismo tiempo.

» La cantidad de testosterona que circula a través de nuestro sistema antes de nacer no solo ha influenciado tus genitales y tus habilidades deportivas, sino también los patrones y estructuras de tu cerebro.

» La experiencia nos ha enseñado que hay diferencias entre el cerebro masculino y el femenino en lo que respecta al lenguaje, las emociones, la memoria, la percepción, el oído y la orientación.

» Diversos estudios han sacado a la luz que el comportamiento de los padres con sus hijos tiene un gran efecto en cómo se desarrollarán las habilidades mentales y sociales del niño, lo cual afectará a su aprendizaje y al éxito que pueda tener en la vida.

Capítulo 4

LOS MÚLTIPLES BENEFICIOS
DE LOS JUEGOS PATERNOS

Si los niños pudieran poner anuncios de padres ideales en una página web de búsqueda de trabajo, probablemente querrían a alguien que fuera cariñoso, amable, generoso con los regalos, y en quien pudieran confiar, pero eso no sería todo. También buscarían a un hombre alegre, que siempre estuviera dispuesto a jugar con entusiasmo, que respetara las reglas y que se riera mucho. Estas cualidades no solo se hallan en los padres, pero son ellos quienes tienen una manera de relacionarse con los niños muy particular, y que acentúa esta conexión «juguetona».

Hasta hace muy poco, se pensaba que jugar era un «tiempo muerto» dentro de las labores de la educación; así, cuando los padres jugaban con sus hijos, no se consideraba una acción tan importante como cuando los padres cambiaban su ropa, o como cuando los llevaban a la escuela. En lo que concernía a los niños, jugar era una acción que estaba ahí para relajarse, no para aprender. Hoy en día, entendemos que ambas ideas eran erróneas. El juego de los padres es el de educar y criar, algo que ocupa un papel predominante dentro de la vinculación paterno-filial, y es muy importante para el desarrollo de los niños. Con respecto a los más pequeños, ahora vemos que el jugar no está separado del aprendizaje, sino que por el contrario, es una de las claves para que los niños comprendan y aprendan una de las más complejas lecciones de la vida: cómo entender lo que la gente piensa, y cómo relacionarse con los demás. El hecho de que los padres jueguen con los niños no sólo refuerza la conexión de afecto entre padre e hijo, sino que también alienta el desarrollo del pequeño a la hora de pensar, de controlar emociones y de resolver problemas.

LOS BEBÉS SABEN DE PAPÁS Y SUS JUEGOS...

A las seis semanas de vida, la mayoría de los bebés ya sonríen y muestran alegría y excitación ante las «tonterías» que pueden hacerles sus papás. Aquí es cuando la mayoría de los padres se involucran más con el niño, ya que hay claras señales de que el «pequeñajo» de la cuna quiere interactuar y jugar. Es a partir de ese momento, cuando los padres de una manera más sutil, pero también importante, mostrarán un estilo diferente al de las madres. Un eminente pediatra describía las respuestas del niño hacia su madre y su padre:[47]

Frente a su madre, sus movimientos son tranquilos y cíclicos. Sus manos, pies y dedos tienden a extenderse hacia su madre y luego, a retrotraerse una media de cuatro veces por minuto, siempre en ciclos lentos y tranquilos. En esos momentos, su cara *siempre brilla. Con su padre, cada parte de su cuerpo reacciona de manera diferente. Su cuerpo se pone tenso, y tieso. Su cara se ilumina aún más, sus cejas se alzan, y su boca se abre formando una sonrisa traviesa. Sus deditos, sus pies, sus piernas y sus brazos se estiran hacia su padre al mismo tiempo que se prepara para un divertido rato de distracción junto a él.*

Esta expectativa reforzará cualquier tendencia «juguetona» que pudiera tener el padre. Si este frenético movimiento de brazos y piernas produce en el bebé una regurgitación de deleite (mejor que el otro tipo de regurgitaciones, esas en las que los padres terminan limpiándolo todo), lo volverá a hacer siempre, y el padre también verá este tipo de reacción, como una manera efectiva de involucrarse con el bebé.

... Y los niños también

Un niño que sea capaz de moverse y desplazarse, puede dejar muy claros los deseos de querer interactuar con su padre. Los progenitores con hijos de dos años de edad, se irán familiarizando con el «agarre de piernas» que siempre recibirán cuando lleguen a casa. A menudo, esta bienvenida se dará frente a la puerta de la casa, antes de que el papá tenga la oportunidad de soltar la compra, el móvil, o incluso de entrar completamente en la casa.

Hay algo irresistible que hace que un niño pequeño se lance enseguida sobre su padre, y es verlo tumbado sobre la alfombra o sobre el sofá, con muy poco cuidado de que su codo termine en un ojo, o que su rodilla termine en el vientre. Si el entusiasmo de tu «pequeñajo» (que tampoco es ya tan pequeño) te recuerda a cómo los cachorritos juegan echándose los unos sobre los otros, estás en lo correcto. Los científicos creen que se ha tardado mucho en dar al juego la importancia que se merece, pero ahora se está replanteando su papel en el desarrollo infantil. La manera en la que los padres juegan, puede ser algo crucial en el aprendizaje del pequeño, en sus habilidades sociales, y en su desarrollo cerebral.

EL JUEGO DE «LAS PELEITAS»

Muchos padres tienen un papel especial en lo que llamamos el juego de «las peleitas», que no es otra cosa que jugar como si se estuviera luchando, pero de una forma más creativa y divertida. Los niños juegan con otros niños a esto tan pronto como pueden correr y saltar, cosa que nos hace pensar que es simplemente parte de la programación que tiene el pequeño. Los niños se lanzan de cabeza al juego, no porque lo hayan visto en la televisión, sino porque les encanta. Hay estudios que muestran que los animales de laboratorio que aún son cachorros se ejercitarán (corriendo dentro de una rueda, por ejemplo) simplemente por sentirse libres y salvajes.[48] Jugar a «las peleitas» es más que un entretenimiento, es la necesidad de desarrollarse. Este tipo de juegos tiene su punto álgido a los nueve o diez años de edad, para luego ir disminuyendo a medida que los niños se van convirtiendo en adolescentes.[49]

En las familias, dependiendo del número de hermanos y hermanas, el principal compañero de juego en «las peleitas», será el padre. Eso significa que los padres tienen la oportunidad de ayudar a sus vástagos a desarrollarse, simplemente jugando con ellos.

¿En qué consiste exactamente?

El juego de «las peleitas» es un juego físico, éste es un dato esencial. Puede que disfrutes echando una partida a un divertido juego de cartas, pero nunca será tan productivo como el de «las peleitas». Éste encierra contacto físico, y es ahí donde debe estar el disfrute. Todo el mundo ha visto alguna vez a los cachorros saltando unos encima de otros, mordiéndose, persiguiéndose y tirándose al suelo. Todos lo vemos como si estuvieran peleando, pero también están pasándoselo en grande. El juego de «las peleitas» tiene pocas reglas, por no decir ninguna, así que es diferente a los otros juegos donde todo el mundo tiene que seguir unas normas (incluso si no están de acuerdo con la decisión final). Pero si bien este juego suele ser libre y creativo, aquellos que estén practicándolo deben cooperar para que todo el mundo tenga la oportunidad de vencer al contrincante. Si un jugador es mucho más fuerte o más grande que los otros jugadores, deberá dejarse llevar para que los más pequeños y débiles puedan atraparlo, y así, ser también ganadores.

Este juego hace que, entre los niños, las amistades perduren y se hagan más fuertes, ya que el punto clave de todo el asunto es pasarlo bien y disfrutar. Luchar de verdad, donde la emoción principal es la ira, rara vez hace amigos.

Los beneficios de jugar a «las peleitas»

Como ejercicio aeróbico, ya que el corazón y los pulmones suministran oxígeno a través de la sangre hacia los músculos, el juego de «las peleitas» es una fuente de beneficios para la salud. De hecho, dado que durante el juego se tiene que correr, empujar y agarrar a los demás, ofrece una buena posibilidad para fortalecer y dar flexibilidad a los músculos, pero los beneficios más importantes de este tipo de juego, son los beneficios sociales.

Si a las crías de ratas (que tienen sistemas cerebrales parecidos al humano), se les impide que puedan realizar este tipo de juegos, luego, cuando se convierten en adultos, suelen tener problemas en las interacciones sociales.[50] Las ratas suelen vivir en colonias donde un macho es el dominante, y las ratas más jóvenes aprenden como unirse a la colonia sin ser atacadas por el líder. Los machos más jóvenes que alcanzan la madurez sin haber podido jugar con otros a pelearse, tienen luego problemas a la hora de evitar ser atacados. Los más jóvenes, que sí han jugado antes, y que luego han sido introducidos en la colonia, han aprendido que quedándose quietos, evitan convertirse en un objetivo, mientras que los más jóvenes que han sido criados tan solo con adultos y que no han jugado, se siguen moviendo, atrayendo a su vez la atención del macho dominante. Si bien en estos experimentos de laboratorio hay una plataforma de seguridad para los más jóvenes, para que así puedan evitar el peligro, sucede que aquellos que han estado jugando saben subirse a ella, mientras que los que no tienen práctica en el juego de «las peleítas», no logran llegar a aprender cómo subirse y ponerse a salvo.

Diversos estudios realizados en colonias de simios han recogido efectos similares entre las crías que crecieron sin tener la oportunidad de jugar con otros. Estos monos no pueden «leer» los mensajes sociales de otros monos, así que siempre terminan involucrados en más peleas, y por lo tanto, sufriendo más heridas.

Una solución improvisada al problema

Si el juego de «las peleitas» tiene que ver sobre todo con el contacto físico y la lucha, también las labores paternales tienen cierto nivel del implicación en el proceso. Lo que se puede deducir de las pruebas en ratas, sin embargo, es que privarlas de la oportunidad de relacionarse con otras crías afecta su habilidad de pensar. Al intentar aislar los factores principales durante su desarrollo, algunas ratas fueron agrupadas en parejas, con una separación entre ellas que les permitía verse, olerse, y tocarse, pero no jugar. Cuando esas ratas maduraron, pensaban de una manera más lenta (a la hora de resolver un laberinto para llegar a la comida) que aquellas congéneres suyas a las que se les había permitido jugar. Los investigadores se encontraron con el mismo resultado cuando introdujeron a las ratas más jóvenes en la jaula de las ratas adultas y las criaron con ellas (ya que las ratas adultas permitían tener contacto físico, pero no jugaban).[51] Una hora de juego diaria con otro congénere de su misma edad es más que suficiente para eliminar cualquier diferencia que pueda haber en la capacidad cerebral.

Los niños también necesitan saber cómo leer las señales sociales. No solo para evitar encontronazos y peleas, sino también para llevarse bien con niños y adultos. En este sentido, existen evidencias de que, tanto los niños como las niñas que suelen jugar a las peleitas, mejoran sus facultades a la hora de solventar problemas, independientemente de evitar las confrontaciones.[52]

Los investigadores han contabilizado la cantidad de veces que los niños y niñas de primaria jugaban a «las peleitas» durante un año entero de escuela. Luego, a esos mismos escolares se les mostraron las fotos de un niño intentando quitarle un juguete a otro, así como fotos de un niño recibiendo una reprimenda de su madre. Seguidamente, se pidió a los pequeños que intentaran dar con el mayor número posible de soluciones para cada uno de aquellos conflictos sociales. Aquellos que habían jugado más a «las peleitas», dieron con un mayor número de soluciones para los problemas que mostraban las fotos.

Mejora de las habilidades sociales

Los niños, al igual que los adultos, necesitan habilidades sociales para prosperar. El coste de no poseer estas habilidades sociales puede ser devastador. Cualquier padre que haya oído la siempre infeliz historia de que su hijo no cae bien a los otros niños, o que éste está siendo aislado por el grupo, sabrá lo doloroso que esto puede llegar a ser.

Si el hecho de jugar con el padre puede aumentar las habilidades sociales del pequeño y ayudarle a llevarse bien con los demás, sin duda merecerá la pena.

Estudios exploratorios han conseguido encontrar nexos de unión entre la popularidad de los chicos y chicas en la escuela, y la cantidad de tiempo que sus padres jugaron con ellos en casa. En este sentido, se han encontrado evidencias de la existencia de tres habilidades en particular que se aprenden a través del juego de «las peleitas».[53]

El control de la excitación

La primera habilidad que hay que aprender es el control de la excitación y la energía dentro de unos límites que el niño pueda dominar. Este es un desafío un tanto particular para los niños muy pequeños. Controlar sentimientos fuertes, aún cuando son placenteros, es un gran esfuerzo para los «pequeñajos». Los juegos que mi padre realizaba conmigo durante esa edad mezclaban actividad y realización con un poco de aprensión o temor. El niño no sabe exactamente qué es lo que va a pasar, incluso sabiendo que probablemente no le va a pasar nada, el miedo es lo que hace que este tipo de juegos sea tan excitante, bordeando lo placentero, y siendo sin lugar a dudas una emoción muy diferente al terror.

Este proceso comienza cuando el bebé ve como su padre se esconde tras un libro jugando al *cucu-trás*. El bebé ya conoce el juego, y se hace una idea de en qué momento la cara de su padre aparecerá de repente con un sonoro pero divertido «trás!», seguido de una sonrisa, pero la subida de su ritmo cardíaco, así como de la presión sanguínea, la rápida respiración y el más que posible pico de adrenalina, son todos procesos psicológicos que el bebé está aprendiendo a controlar. Jugar al *cucu-trás* le dará la oportunidad de practicar y controlar estas reacciones psicológicas dentro de un entorno seguro.

Descifrar las emociones

Dos habilidades más tendrán que ser tomadas en cuenta a la hora de manejar situaciones sociales, y son: leer las emociones de los demás y saber transmitir las propias. Los niños empiezan a aprender estas habilidades mirando e interactuando con sus padres. Para cuando ya saben andar, empezarán a utilizar lo que han aprendido, primero con sus padres, luego con otros niños, compañeros de juego y amigos, lo cual provocará un gran impacto en su felicidad y confianza mientras crecen. Los más pequeños no solo desarrollan esta percepción de los estados emocionales de los otros tan solo mirando, sino también actuando.

Mediante el juego de «las peleitas», pueden aprender a interpretar las expresiones faciales, así como las tensiones y las posiciones del cuerpo.[54] Este aprendizaje va hacia fuera, en dirección a los otros, y hacia dentro, hacia sí mismos, ya que reconociendo las emociones en los demás, tu hijo también empieza a reconocer las diferentes emociones que está experimentando. Lo bonito de esta práctica es que el aprendizaje se va sucediendo paso a paso, junto con lo más divertido del juego.

LO QUE SE VA APRENDIENDO

Imagina que un niño de tres años de edad (al cual llamaremos Jason) ha visto a su padre tumbado en una manta frente a la televisión. Corre hacia él, abalanzándose y agarrándose a la espalda de su (casi sorprendido) padre. Si el padre da señales de querer jugar, como pueden ser un tono cálido de voz o un empujón cariñoso, Jason ya sabrá que su padre está preparado, pero incluso sabiendo que esto es un juego, y que habrá cosquillas, sonrisas, y risotadas en algún momento, también se sucederán momentos de auténtica concentración y aprendizaje.

Cuando Jason está manteniendo en tensión cada gramo de músculo que tiene en su cuerpo al retener contra el suelo a su padre de noventa kilos, seguramente no estará sonriendo, sino concentrado en los músculos de su torso, intentando mantener su cuerpo todo lo rígido que pueda para maximizar la fuerza sobre la espalda y el pecho de su padre. En este juego, Jason aprenderá muchas habilidades a la vez: cómo usar los músculos de sus brazos y piernas, cómo mantener el equilibrio de su peso para provocar presión, cómo interpretar los falsos lamentos pidiendo ayuda de su compañero de juegos, o, llegando un poco más lejos, cómo responder a una reprimenda real de su padre comprendiendo sus distintos tonos de voz.

No es practicar lucha

Alguien que pudiera ver a Jason ejerciendo toda su fuerza para doblar el brazo de su padre hacia el suelo podría comprobar en este juego, una verdadera preparación para el combate real. Sin embargo, una mirada más atenta nos mostraría que lo que está haciendo no es aprender a dañar al oponente, sino a juzgar las intenciones de los demás, y a saber controlar una interacción física, para poder seguir disfrutando del juego. Los niños que gozan de popularidad en la escuela han jugado siempre a «las peleitas» con otros niños, no para forzar a los demás a hacer lo que ellos quieren, sino porque así pueden controlar los aspectos sociales de jugar, y de esta forma poder pasarlo bien con otros niños.

Mirar cómo juegan los animales y después verlos enzarzados en un combate mortal nos muestra las diferencias entre luchar y jugar a «las peleitas». Los ciervos adultos, por ejemplo, se pelean chocando sus cornamentas la una contra la otra con una fuerza terrible, lo cual puede terminar causándoles graves heridas. Sin embargo, cuando juegan a luchar entre ellos, lo hacen de tal manera que ninguno de los dos sale herido, se conforman con enredar sus cuernos y empujarse el uno al otro. En las ratas, el objetivo de morder durante este juego, es agarrar la parte trasera del cuello del oponente. Cuando luchan de verdad, el objetivo del bocado es una pata, o la cadera. Los delfines, que tienen una piel más sensible, y unos dientes muy afilados, indican que quieren pelear en broma emitiendo una llamada especial para asegurarse de que las colisiones y los golpes son inofensivos.

El uso de los músculos que Jason hace a la hora de jugar con su papá, acentuará la confianza que ya tenga en su cuerpo, pero igualmente importante será el aprendizaje social que tendrá lugar mientras su padre esté intentando quitárselo de encima.[55]

Si meditamos sobre este asunto, ¿de qué otra manera podrías aprender qué es justo y qué no (por ejemplo, no ahogar) o qué se siente al controlar físicamente (aunque sea brevemente) a un enemigo mucho más grande? ¿Cómo saber descifrar lo que otro está intentando dar a entender mientras te aprietan el estómago? Todo esto sería muy difícil de aprender leyendo un libro o siendo obligado a estudiarlo. En los niños pequeños, las actividades físicas que requieren estiramiento de músculos y esfuerzos mentales son un rico aprendizaje de habilidades que puede que más adelante le sean de mucha utilidad en su vida diaria.

Aprendiendo a no ser agresivo

Los niños no aprenden a ser agresivos. Se les debe enseñar a no serlo. A lo largo de su segundo año de vida, los pequeños se empiezan a poner en pie y a moverse sin ayuda alguna. También pueden coordinar sus brazos y piernas para golpear, empujar y patear. Nos gusta pensar que los niños son criaturas cooperantes, agradables, y simpáticas que tan solo muestran agresividad si es lo que ven a su alrededor, o si ven demasiada televisión, pero cuando hacemos un seguimiento de la vida de un niño desde su primer año de vida hasta su madurez, al contar los actos de agresión física, como por ejemplo, el de una persona pateando o golpeando a otra, surge un sorprendente patrón. El vértice cronológico de la violencia física está en los dos años.[56] Esto parece cumplirse en la amplia mayoría de los niños, y no solo en aquellos que están acostumbrados a ver mucha televisión. Al paso del tiempo, muchos pequeños utilizan menos la agresión física a medida que se van acercando a la edad escolar, cayendo ahí la curva de manera drástica. Por supuesto, un puñetazo de un niño de tres años es diferente a un puñetazo de una persona de veintitrés, pero en lugar de buscar culpables y tachar de malvados a quienes enseñaron a estos chicos de veintitrés años a emprenderla siempre a golpes desde que eran pequeños, esta investigación sugiere que lo que debemos cuestionarnos es cómo otros hombres de veintitrés años aprendieron a no golpear o ¿de dónde aprendieron que para conseguir lo que se quiere no hace falta ir dando puñetazos?.

A medida que los bebés van creciendo hasta convertirse en niños, van desarrollando la capacidad de usar la fuerza para utilizarla a su antojo. Desarrollan una coordinación física para poder dañar de manera efectiva a cualquiera que los agobie, y así lo hacen. En la familia, aprenden a controlar el impulso de golpear a otro niño que no quiera prestarles un juguete. Aquí es precisamente donde esas horas de juego de «las peleítas» junto al padre toman protagonismo. Los juegos paternos que implican actividad física, le dan al niño la oportunidad de aprender a controlar esos conatos agresivos. En este sentido, para que el juego sea efectivo a la hora de ayudar a los más pequeños, el padre debe asegurarse de que durante todo el tiempo, el juego se mantenga dentro de unos límites seguros.

Jugando a «las peleitas» de una manera segura

Es evidente que si se quiere jugar de manera positiva a «las peleitas», el juego debe practicarse dentro de un entorno fiable, pero hay diferentes tipos de «seguridad», ya que seguridad física no es lo mismo que seguridad emocional, y decidir lo seguro que debe ser el juego no es tan fácil como parece.

La mayoría de los padres habrán oído hablar de los múltiples utensilios que hay para hacer de la casa un lugar seguro para el niño. Muchos de estos padres habrán comprado alguna vez protectores de plástico para ponerlos sobre los bordes y las esquinas afiladas, o protectores para la toma de corriente, utilizados para proteger a los pequeños durante sus momentos de exploración. La seguridad es más efectiva si te anticipas un poco a los acontecimientos, ya que las capacidades del niño siempre se están desarrollando, lo cual hace de esta labor de protección una tarea continua.

Te sientes contento y feliz al ver como la pequeña Emily se desenvuelve por sí misma sin tu ayuda, sin embargo, esto mismo también significa que puede caerse de la mesa al suelo si te distraes un poco. Todos felicitamos a Félix por su logro de ponerse en pie ayudándose con el borde de la mesa, pero ahora que se puede levantar del suelo de esta manera, también es capaz de alcanzar las tazas de café que hay encima de ella. Lo que crea el peligro no solo es el borde afilado de una copa, o una taza caliente de café, si no sobre todo, el abismo entre lo que un niño pequeño puede hacer y su comprensión del riesgo.

La mayoría de los niños pequeños que terminan en urgencias es a causa de una caída,[57] pero principalmente, en el arco de edad que va de los seis meses al año de edad, estas caídas son desde sofás o escaleras. Esta es la edad en la que son suficientemente fuertes para trepar pero no pueden coordinar sus movimientos lo neceario como para mantenerse derechos y de pie. Cuando los pequeños cumplen su segundo año pueden alcanzar las ventanas y subirse a las barandillas, y es en esa edad cuando se llega al máximo de caídas desde ventanas de edificios. Para cuando cumplen tres años, lo más común son los accidentes de tráfico, ya que el pequeño de tres años puede correr hacia la carretera, o ponerse detrás de un coche que está dando marcha atrás, sin que sea capaz de calibrar velocidades o distancias, y sin entender, que lo más probable es que un conductor que va marcha atrás no consiga verlo.

El que te preocupes por la seguridad de tu hijo mientras juegas con él a «las peleitas» implica elegir un sitio acolchado y blando sobre el que proyectar los vuelcos, quitar los objetos punzantes o afilados de su campo de visión, limitar el impacto de un cuerpo sobre el otro, y siempre interceptar los posibles golpes. Sin embargo, hay mucho más en lo que respecta a la seguridad física de una buena sesión de lucha. Los padres que jueguen con sus recién nacidos, pequeños, preescolares, o con sus hijos ya un poco más mayores, lo harán también dentro de unos límites de seguridad emocional.

La seguridad emocional

Dado que no hay *kits* de seguridad emocional para comprar en las tiendas, las ideas básicas al respecto no son muy diferentes de las que se aplican para los bordes afilados y las caídas. En los más pequeños siempre habrá un vacío entre lo que ellos están acostumbrados a hacer y las emociones que salen a la luz en una sesión de «peleitas». En este vacío, los padres tienen un papel muy importante en lo que se refiere a la seguridad del niño. Una parte inevitable del juego con contacto físico es la frustración. Cuando Louise intenta tirar de la pierna de su padre con todas sus fuerzas, se encuentra con una resistencia insuperable, pudiendo así ver cara a cara sus limitaciones. Louise puede reaccionar intentándolo desde un nuevo ángulo, darse por vencida, intentar golpear a su padre, o caer echa un mar de lágrimas. Dependiendo de la personalidad de la pequeña, se dará una una u otra reacción; pero también influirá en gran manera la forma en que el padre (o sea, tú) haya dispuesto el tono del juego, y de como reacciones ante su frustración.

Físicamente, tú eres más fuerte, tienes más experiencia, más coordinación, y conoces mejor los peligros y los accidentes que puedan ocurrir. Con las emociones ocurre lo mismo. Tú eres mucho más fuerte emocionalmente, tienes más años de experiencia y también un mayor conocimiento de qué ayudará a Louise a desarrollar su potencial. Del mismo modo que pondrías un cojín para interceptar un golpe de su brazo, a nivel emocional deberías dejarle que tirara de tu pierna, tan solo para que no se agobie intentándolo repetidas veces. Tal vez puedas decirle también lo fuerte que es, para animarla a que lo intente de verdad. Otra diferencia entre Louise y tú es que, como adulto, tienes clara la diferencia que hay entre imaginación y realidad, pero para un niño, estar dispuesto a intentarlo es una manera muy importante de aprender qué es la realidad, e imaginar que puedes hacer algo, es igualmente un paso muy importante a la hora de hacerlo.

Los padres pueden subestimar cuan importante puede ser para un niño pequeño experimentar la sensación de ser poderoso en un enfrentamiento físico, incluso cuando la realidad es que el padre se está dejando ganar. Te sorprendería oír cómo Louise triunfante le comenta a su madre: «¡le he ganado a papá peleando!». Puede que claramente hayas sido tú el que se ha dejado ganar, pero la satisfacción y su tono de confianza te sonará como si realmente te hubiese vencido. Si piensas en todo este proceso desde el punto de vista de Louise, podrás comprobar cómo ella ha intentado hacer algo más allá de sus limitaciones y lo ha conseguido. Su habilidad para «retener» a su padre le ha permitido hacerle creer que puede conseguir lo imposible. ¡No es de extrañar que se sienta tan pletórica!

Controlar a amistades peligrosas

Hay otro paralelismo entre ayudar con las habilidades físicas y ayudar con las habilidades emocionales. El papel del padre como base sólida que protege a los niños del daño físico, es muy parecido al papel que juega como base estable dentro del mundo emocional. En un momento concreto de la primera época de movilidad, los más pequeños querrán intentar andar junto a una verja, o junto a un alféizar, aún cuando las consecuencias de una caída sean claramente peligrosas y dolorosas. Al principio no serán capaces de hacerlo sin sujetarse a tu mano para mantener el equilibrio, pero con el tiempo, a medida que sus músculos se van fortaleciendo y su cerebro en desarrollo aprende a coordinar la información que su oído interno le envía a su tronco, brazos y piernas para mantener el equilibrio, serán capaces de avanzar por superficies y zonas anteriormente inaccesibles.

Lo mismo pasa con las emociones. Hay multitud de emociones muy peligrosas alrededor de una sesión de «peleitas»: frustración, ira, rabia y humillación, por nombrar algunas. Aprender a controlarlas con dos años de edad es tan importante como aprender a mantenerse a pata coja sin balancearse. Cuando estás sujetando a tu pequeño mientras éste avanza junto a la verja, nunca dejarías que en una pérdida de equilibrio te arrastrase también de ti. Como padre, eres más fuerte, y más estable. Ajusta tu equilibrio para seguir siendo una base firme mientras ella tira y te empuja. En el mundo emocional, ocurre lo mismo. Mientras que tu hijo salta entre el entusiasmo y la rendición, tú eres la base sólida emocional. Mantenerse positivo cuando el pequeño se cae o se frustra es parte del trabajo de padre, así que lo mejor es conservar la calma ante la tempestad. Reaccionar a su ira con un enfado, por ejemplo, es lo mismo que perder el equilibrio cuando estás ayudando a tu niño a caminar junto a la verja. Como padre, debes mantenerte firme emocionalmente, para así ofrecer a tu hijo una base segura sobre la que sostenerse.

Hacierle ver qué es seguro[58]

Los padres actúan como base segura a la hora de controlar los riesgos físicos y emocionales, así el juego transcurre de una manera divertida, a la par que se crea una relación entre padre e hijo. Hablar es parte de ello, pero la comunicación también se produce mediante el contacto físico, las miradas y las sonrisas. Cuando Louise intenta hacerse de nuevo con el cojín mientras avanza su rodilla hacia tu rostro, probablemente no te pondrás a discutir y a hablar sobre sentimientos, sino que más bien le sujetarás la pierna y conducirás su golpe hacia un sitio menos sensible de tu anatomía.

La manera en la que hagas esto podrá hacerle llegar dos mensajes muy importantes. El primero es que, a pesar de que éste es un juego en el que uno hace lo que quiera, tú todavía estás al cargo, y siempre procurarás que ninguno de los dos salga herido. El segundo mensaje es que incluso si termina haciéndote daño, no te enfadarás, ni le regañarás, de igual manera que no le regañarías por perder el equilibrio mientras camina. La seguridad de un padre poderoso que además juega, pero que mantiene las cosas dentro de una seguridad para los dos, es el tipo de sentimiento de seguridad que los niños necesitan.

La creatividad del padre[59]

Cuando los padres describen cómo juegan con sus hijos, siempre surge un amplio abanico de caracterizaciones de animales y monstruos bastante impresionante, que es lo habitual que suelen utilizar para enseñar a sus jóvenes «guerreros» a jugar con rudeza, pero sin hacerse demasiado daño. Las diferentes maneras en que los padres juegan con sus hijas, y las historias que a continuación exponemos dejan bastante claro que no hay una manera «oficial» de jugar a «las peleitas». Si implica gasto de energía, contacto físico y diversión, seguramente lo estás haciendo bien.

Sé que quiere echarse una pelea cuando veo ese brillo en sus ojos. Lo persigo hacia el dormitorio y él se lanza sobre la cama. Yo en ese momento hago de excavadora, bajando mi cabeza y empujando, empujando hasta que cae de la cama a la alfombra. Otras veces hacemos el 'campeonato del mundo de lucha', lo lanzo sobre la cama, donde pretendo echarme encima de él, pero lo hago muy lentamente, para que así tenga tiempo de rodar antes de que yo *caiga sobre la cama. Todo esto mezclado con un montón de cosquillas, claro».*

«Hago de Tiranosaurus Rex. Camino dando grandes y pesadas zancadas, y pongo mis manos con forma de garras, mientras que lanzo fieros rugidos (cosa que hace que normalmente termine con dolor de garganta si jugamos demasiado tiempo). Los niños son mi presa, pero solo si se mueven. Si hacen algún movimiento, me echo sobre ellos. Si se quedan quietos, yo también me detengo, ya que cuando están parados, para mí son invisibles. Intento ser lo bastante rudo como para hacerles caer, pero sin hacerles daño. Cuando se ponen a reír, los agarro fuertemente, como si los estuviera mordiendo. Cuando se quedan quietos de nuevo, pierdo el interés y los suelto. Para controlar el pánico, suelen mantenerse a distancia, o aprenden a quedarse quietos rápidamente».

«Mis hijos y yo estamos al mismo nivel de «taekwondo», casi a mitad del cinturón negro. Esto significa que en la actualidad, nos hacemos de «sparrings» los unos a los otros, y lo que también significa que mis hijos normalmente se unirán para luchar contra mí. Usamos guantes y protectores acolchados para manos y pies, lo cual amortigua la mayor parte del daño que podamos hacernos. Mientras practicamos, los chicos empiezan a comprender la labor del «sparring» a la hora de reconocer cuando a alguien le ha impactado, así como para comprender cómo luchar dándolo todo, pero sin que tus patadas y puñetazos dañen a nadie. Esto es como una evolución del juego de «las peleitas» de cuando eran pequeños, con el que pasamos tan buenos ratos».

«A veces me dicen: «conviértete en oso, papá», y es entonces cuando tengo que perseguirlos, pero yo dejo que pasen por mi lado y luego los vuelvo a perseguir. Me están pidiendo que me convierta todo el rato. Nuestras «peleítas» a las que denominamos 'campeonato mundial de lucha libre', suelen realizarse normalmente en una habitación limpia, con unas reglas establecidas y un número concreto de «rounds». No se dan mordiscos, no se dan patadas, ni se golpean zonas sensibles. Como entiendo que no es justo que papá siempre gane, no suelo hacerlo más de la mitad de las veces. De igual manera, es papá el que también tiene que imponer su autoridad para poner fin al juego, y normalmente, esto se consigue de una manera más sencilla si se tiene otra cosa que ir a hacer juntos».

«Cuando estamos practicando «lucha libre», yo finjo que él ha activado un «misil de cosquillas». Mientras lo sostengo con un brazo, alzo mi otra mano formando un puño, a la vez que la voy bajando muy lentamente hacia su vientre, reproduciendo un silbido con mi boca. A mitad de camino, abro la mano completamente, y empiezo a remover los dedos, amenazando con una inmediata lluvia de cosquillas. A veces él agarra mi brazo, intentando reconducir mi propia mano para que me haga cosquillas a mí mismo. Otras veces, simplemente se deja hacer cosquillas un durante un rato».

«Tengo una nieta de diez años de la que me he ocupado desde que tenía dos. Rodamos por el suelo, con las piernas y los brazos de uno y otro enganchados, teniendo que encontrar alguna manera de apartarme de ella. Normalmente, la pequeña es la que gana, porque tiene «los codos y rodillas de la muerte». Pienso que esta manera de jugar a «las peleítas» es muy importante, especialmente en las

niñas. Quiero que se vea como una persona que físicamente es fuerte, capaz y resistente».

«A las dos niñas les encanta saltar sobre mi espalda, gritando: «llévame a caballito, llévame a caballito», o simplemente para agarrarse al cuello e intentar enlazar sus manos alrededor de mi cuello, y sus piernas alrededor de mi cintura. A menudo hemos visto tigres en el zoo que yacen tirados sobre las ramas de los árboles, con las piernas colgando. Cuando se me enganchan, grito: «¡el tigre somnoliento!»mientras me echo hacia delante hasta poner mi espalda paralela con el suelo. En ese momento, con ellas sobre mi espalda, empiezo a removerme un poco bajando y subiendo rápidamente, haciendo que las niñas reboten, mientras que mi espalda les presiona el estómago. Yo les aguanto las manos, en ese momento están aún sujetas alrededor de mi cuello, y así evito que se caigan. Después de un par de saltos, ya se están riendo a carcajadas, pero a la vez, se quejan a pleno pulmón. Ahora que lo pienso, no hay nada de «somnoliento» en todo esto, pero eso fue lo que se me ocurrió, y el nombre se me quedó en la cabeza. A medida que fueron creciendo, me pedían más y más «tigre somnoliento», pero sin los saltos, tan solo por estar en mi espalda un rato, así que al final, el nombre encajó a la perfección».

«En la piscina, siempre se me sube a la espalda enlazando las manos en mi cuello. Entonces me convierto en el hombre-delfín. Me hundo lentamente, pero sin alcanzar profundidad, así mientras nado su cabeza queda justo por fuera del agua. Entonces salgo y le digo: «hay tiburones, tenemos que hundirnos más». Ella toma una gran bocanada de aire, y yo me hundo más profundamente, arrastrándola conmigo. Si lo calculo bien, tan solo sale sin un

poco de resuello cuando subimos a la superficie de nuevo. Si me quedo debajo de agua demasiado tiempo, ella se suelta y sale por su cuenta a la superficie».

El punto de vista de algunas madres[60]

«¡Ayuda, soy una chica que está intentando criar a un hijo! Necesito ayuda para poder jugar con mi pequeño de cuatro años. Los juegos en los que se interpreta un papel me parecen confusos y aburridos, ya que, conmigo al menos, la cosa consiste en : «pues yo digo...» «¡No! ¡Dí esto otro!» Y normalmente, el juego suele ir sobre superhéroes, piratas, etc... con mucho conflicto, y a veces, incluso violencia. Me encanta que tenga esa imaginación, y me gusta verlo interpretar, pero no me veo participando. Necesito aprender a jugar como si fuera un niño de cuatro o cinco años, para así poder incluir mis lecciones y mis valores en el juego».

«Como madre, me encanta ver a mis hijos jugar a «las peleitas», pero en realidad a mí no me gusta mucho participar en el juego. A mis hijos les encanta usar a su padre como montaña para escalarla. Lo escalan, y luego se dejan caer por su espalda hasta el suelo. Si empieza uno, el otro deja lo que esta haciendo para correr y unirse a la fiesta. No hay vez que no haya muchas risas, golpetazos y saltos, sobre el suelo, o sobre papá. Sin embargo, alguien siempre acaba llorando. Los niños siempre terminan muy nerviosos, y poniéndose demasiado agresivos, y para cuando papá intenta poner fin al juego, los niños están tan entusiasmados... Siempre nos cuesta mucho dar un fin tranquilo a este tipo de juegos».

«Estaba en mi casa, en el fregadero, cuando dos de mis tres hijos aparecieron de repente entrando por la puerta trasera

como un tropel. Mi segundo hijo, que tiene diez años, gritó: «Nos van a dar de bolazos, nos van a dar de bolazos». Tenía una risa maliciosa en su rostro, y corría, como su hermano. Entonces, fue mi marido el que entró corriendo, con una bola de nieve en cada mano. Los niños y su padre se habían estado lanzando bolas de nieve, y los niños, cubiertos de nieve, no podían controlar la excitación que les producía el que «les dieran de bolazos». Todos mis «hombres» salieron entonces por la puerta principal, lanzándose bolas de nieve y creando un gran alboroto. Recuerdo haber pensado en ese momento: ¿Han utilizado la expresión «darnos de bolazos?». De hecho, me hubiera gustado que en sus juegos no hubiesen empleado la violencia. Ese «darnos de bolazos» era una expresión totalmente ajena a mi educación, a mi manera de decir las cosas. Aún me asusta, a pesar de tener un marido y tres hijos ya criados, pero allí estaban todos, delante de la casa, persiguiéndose, lanzándose bolas de nieve y pasándoselo bien ¿Qué otra cosa podía hacer, además de quererlos?».

Dos problemas importantes

El papel de compañero de lucha tiene muchos beneficios, pero también presenta algunos dilemas. Saber con la rudeza que hay que jugar con las niñas, en comparación con los niños, es uno de los temas. El otro es asegurarte de que jugar con él o con ella a «las peleítas» le está ayudando a desarrollarse como tú quieres que lo haga. Se pueden resumir así: «¿debo jugar a "las peleítas" con mi hija?» y «¿es posible que estemos jugando demasiado a este juego?». Son dos respuestas difíciles de dar, pues en ellas influyen muchas variantes de dentro y de fuera del hogar. La inclinación del niño o la niña hacia los juegos físicos es una de las variantes. Los juegos físicos que el padre realizó cuando era niño, es otra.

No se precisa experiencia

Después de estar viendo a un grupo de padres con sus hijos, haciendo un muy buen trabajo controlando el juego, les pregunté como eran sus propios padres. Para mi sorpresa, algunos de estos hombres me contaron historias de una educación donde jugar no estaba contemplado en absoluto. No tuvieron la experiencia de jugar a «las peleitas» con ningún hombre durante su niñez, pero aún así, disfrutan cuando juegan a este tipo de juegos con sus hijos. Cuando les pregunté cómo habían aprendido a jugar así, señalaban a sus hijos: «¡con los maestros!». Esos hombres han respondido a su propia súplica interior que les dice :«¡vamos, papá!» y, sin que hubiera ningún entrenamiento ni ensayo previo de por medio, empezaron a luchar. Tienen las suficientes entendederas como para responder de la manera correcta, además de tener unos entrenadores perfectos que los guían. Otros hombres, tras un leve «empujoncillo», también aprenden a cambiar su enfoque.

La práctica de este juego es parte de un programa de ejercicio para padres con sobrepeso, y sus hijos pequeños. En una de las sesiones, los padres, algunos de los cuales eran bastante obesos, y sus hijos, los benjamines de la clase, de unos seis años más o menos, vinieron al gimnasio con sus esteras. Pedí a los padres que se tumbaran boca abajo y les expliqué en qué consistía el ejercicio. El padre debía intentar levantarse, mientras que el niño intentaría impedirlo. Un par de padres se quitaron de encima a sus hijos con entusiasmo, poniéndose en pie. Cuando estos se dieron cuenta de que los padres que tenían alrededor estaban simulando luchar, revolverse, ahogarse, y estar determinados a dejarse vencer por sus hijos, cayeron en la cuenta. Después de este suceso, en el programa se incluyó la charla: «¿Con qué frecuencia debo dejar ganar a mi hijo?».

Jugando a «las peleítas» con niñas

Muchos padres (y madres) de niños dicen que no tienen elección ante las «peleítas». Los chicos se lo piden, lo vuelven a pedir, y luego se lanzan de cabeza al asunto, ¡sin importarles la decisión del progenitor! Con las niñas es diferente, parece existir más espacio para decidir cuan a menudo y como de «rudo» jugarán. Las niñas tampoco ejercen tanta presión. Tal y como se mencionó en el capítulo tres, hay diferencias biológicas entre los niños y las niñas. Sin embargo, también es cierto que la experiencia y las relaciones dan forma a cómo se desarrolla nuestro cerebro, y así, tú, como padre, tienes una influencia muy importante en lo fuertes que tus hijos e hijas crecerán, y como disfrutarán de su fortaleza.

Para la mayoría de los padres, el problema con «las peleítas» no es al juego en sí. Una niña que siempre tiene hematomas por todo el cuerpo no es diferente a un niño que también los tiene. Ambos necesitan que se les anime para que se levanten y lo intenten de nuevo. Una niña que termina siempre recibiendo golpes por su temeridad necesita que se le recuerden sus límites, al igual que al niño. No, el problema no suele ser la actividad física, sino la reacción de los demás ante esa actividad física. Muchos padres separados con hijas son conscientes de que sus juegos físicos con ellas pueden malinterpretarse y verse como inapropiados. Otros padres se preocupan de que este tipo de juegos puedan llevar a sus hijas (y a sus hijos, en algunos casos) a que se conviertan en niños demasiado rudos. Sin embargo, de lo que pocas veces se dan cuenta los padres, es que jugar a luchar puede también ser muy beneficioso para las niñas.

Los beneficios para las niñas

Los beneficios más obvios que se pueden apreciar en las niñas vienen de la actividad física. El agotamiento físico es saludable, así, en el futuro, verán el ejercicio como algo con lo que disfrutar mientras crecen. Jugar a juegos que implican contacto físico, como puede ser: correr, hacerse cosquillas, atraparse, y todo lo que haga que terminemos riendo a carcajadas, puede cementar el atractivo de la actividad física en la mente de las niñas. Por supuesto, también ayudará si sigues con ella esta senda, llevarla a eventos deportivos, y alentar las actividades físicas entre padre e hija, para demostrarle que tú también disfrutas de los juegos físicos, pero todo esto se inicia empezando a jugar con ella. Esta es una oportunidad que la niña necesita para practicar y poder usar toda su fuerza, toda su agilidad para intentar vencerte, pero aún hay más. Cuando se trata de la salud física y social de las niñas, el jugar a luchar puede traer beneficios adicionales. Por supuesto, los músculos de tu hija se fortalecerán con el ejercicio. Lo que es menos conocido es que los huesos también se fortalecerán con este mismo ejercicio, especialmente, en los ejercicios en los que se alza peso, como puede ser el saltar.[61]

Si los juegos con actividad física con tu hija la llevan a disfrutar del ejercicio más allá de las simples actividades elásticas (propias de la mayoría de las féminas), llegando a actividades de más contacto, tendrá menos posibilidades de sufrir roturas de huesos y, como adulta, estará protegida frente a la fragilidad ósea, la cual puede convertirse en un problema muy grave en las mujeres ya maduras. El impacto de saltar al suelo (no de un segundo piso, sino desde una muralla bajita, por ejemplo) ayuda a los huesos de las niñas a fortalecerse.

En segundo lugar, el juego de «las peleitas» también puede beneficiar a tu hija mejorando la imagen que ella tiene de sí misma. Los juegos físicos son importantes para ella porque no tienen nada que ver con su sexualidad ni con su belleza, ni tampoco con parecer atractiva. Por supuesto, cuando ella te mira con ese brillo de excitación en sus ojos mientras espera que salgas a perseguirla, está bien guapa, pero lo que tú aprecias en tu hija no tiene nada que ver con lo que ella ve en las revistas o en las películas. Jugar a «las peleitas» es un punto clave para que puedas dar a tu hija la percepción de que ella es una persona muy capaz, con la que además, se pasan muy buenos ratos.

El estado de ánimo

Algunos niños necesitan, para crecer fuertes, que se les aliente y se les anime. Encontrar el equilibrio entre protegerlos de cualquier daño, y hacer que sean valientes, incluso cuando están bajo la presión de los nervios, no siempre es tarea fácil. El problema más común con los hijos es cómo ofrecerles el suficiente juego físico, para luego calmarlos tras una excitante y fiera persecución y derribo. Puede que más de una vez hayas tenido la oportunidad de escuchar esta queja de cualquier madre:

«Yo intentando que se vaya a la cama, y él todavía con ganas de jugar. Es muy difícil hacerles darse cuenta de que «es hora de irse a la cama». Es necesario cierto grado de habilidad para terminar esas sesiones de juego de contacto, una habilidad en la que los padres irán mejorando con la práctica y con un poco de reflexión».

Hay dos maneras de que el juego termine mal: con el niño demasiado excitado, incluso para darle un baño, para que se coma la cena o para que se vaya a la cama. La otra, cuando alguien termina llorando, seguramente, porque se ha hecho daño.

En el primer caso es una cuestión de controlar el tiempo, porque si bien es necesario hacer algo de ejercicio antes de irse a la cama, también hay que dejar tiempo para lavarse los dientes, ponerse el pijama, e irse a dormir. Aunque es cierto que siempre hay un mismo «jefe» durante el juego, que eres tú, realmente depende de ti cambiar el tono del juego y volver a un «modo» más tranquilo, o incluso, puedes llegar a utilizar tu autoridad para decir: «bueno, se ha acabado por hoy».

En lo que respecta al segundo caso, al tratar con niños que suelen dañarse fácilmente (y el tratar con la opinión de otros adultos que puedan creer que dejas que el niño se haga daño) no es fácil jugar a muchos juegos que implican una lucha simulada, o una persecución, sin que al final alguien se golpee o choque con alguien o contra algo. Una vez se han secado las lágrimas, el juego puede comenzar de nuevo, pero si tu hijo piensa «no se vale» cuando los empujones le tocan a él, es muy posible que ello dé al traste con toda la diversión. En muchos casos, la cuestión de lo que vale y lo que no vale, no puede solventarse de una manera fácil, así que tendrás que pasar algún tiempo sopesando sus sentimientos.

Hay dos maneras de enfocar esto: puedes verlo como una oportunidad para que tu hijo aprenda a controlar el resentimiento y los malos sentimientos (a la vez que tú tienes la oportunidad de escuchar y ayudarle con su ira y resentimiento). En este caso, deberías animarle a que reconociera y expresara esos sentimientos como manera de procesar y disipar la confusión emocional que tiene en su interior, o tal vez puedas enforcar la situación como una circunstancia en la que tu hijo aprenda que en la vida también hay baches, y que perder el tiempo quejándose (o echándole la culpa a alguien) no es la manera más satisfactoria de jugar a un juego.

La habilidad de usar palabras que den nombre a las emociones

La ciencia nos suministra ayuda en todas estas cuestiones. Sabemos que desarrollar el lenguaje, incluyendo ese lenguaje que describe las emociones, es una tarea primordial para los niños.

Alrededor de los tres años, los niños empiezan a ser capaces de dar a conocer sus pensamientos a sus semejantes gracias a las palabras, y poner nombre a estos sentimientos es una buena manera de poder llegar a controlarlos. A ti quizá te parezca obvio ver su enfado cuando están contrariados, pero los más pequeños (y algunos no tan pequeños) pueden verse agobiados por la fuerza de sus sentimientos, siendo incapaces incluso de pensar, y aquí es cuando seguramente rompan a llorar desconsoladamente. Ayudarlos a comprender lo que «están sintiendo» usando palabras que lo definan, es una parte muy importante de las habilidades vitales. Si le dices: «pareces muy decepcionada», le estás ayudando a que descubra qué es ese gran peso que siente en su estómago, y qué significa esa pérdida súbita de energía. Al darle un nombre, le ayudas a que tenga más control sobre sus reacciones. De igual manera, puedes alentarla para que persista en el esfuerzo.

Ser capaces de concentrarnos en estos objetivos y metas, disfrutar del juego, y que la cosa no se desvíe hacia el resentimiento por ese empujón, o por ese golpe, es también una habilidad muy importante.

De igual manera, hay formas específicas de ayudar a que tu hijo aprenda habilidades sociales bastante útiles a través del lenguaje. Puedes enseñarles desde pequeños a poner nombre a los sentimientos que están surgiendo en su organismo. En muchos casos, lo que pasa en su interior queda claramente reflejado en el exterior. Expresiones como «te veo un poco triste» o «¡qué contenta te has puesto ahora que has conseguido ese bloque!», pueden empezar a crear un nexo entre el patrón de sonido de las palabras y el estado sentimental del pequeño. Crear nexos de unión entre las palabras y los sentimientos es exactamente lo que tu hijo de un año debe hacer cuando empieza a reconocer sus emociones, para después tener la capacidad de hacértelo saber, en lugar de ponerse simplemente a llorar.

Proporcionándole y dándole a conocer nuevas palabras, incluso antes de que tu hijo pueda mantener una conversación, hace que tu lenguaje construya un andamiaje en su mente que le ayudará a unir conocimientos y sensaciones, junto a las palabras que van con ambas cosas. Además, al mismo tiempo también hace que construya su propia biblioteca de palabras. Hay pruebas de que cuanto más hables al bebé, mejor vocabulario tendrá cuando esté listo para comenzar la escuela, y esas palabras de más que ya conoce le beneficiarán en sus primeros años de colegio.[62] Esta evidencia se basa en las madres que hablan a sus bebés, pero no hay razón para suponer que el habla del padre (si bien puede ser diferente) no ayudará a aumentar el rango de palabras del niño.

Sin embargo, es importante entender que esta sugerencia de hablarle a tu recién nacido no se trata de tomar trozos de cartulina con palabras escritas y repetírselas una y otra vez. Hablarle a tu bebé mientras intenta tocarte la cara o alcanzar un bloque no es lo mismo que agobiar a tu crío de diez meses con un martilleo diario de docenas de nuevas palabras en un intento por convertirlo en un genio. Hablar de lo que ocurre momento a momento, como si se estuviera jugando a «las peleitas» con palabras, por ejemplo, no es ni un «programa» ni una «nueva estrategia». Hablar a los niños, es lo que los padres y madres hacen naturalmente.

La evidencia científica viene a confirmar que las palabras de un padre pueden ayudar a su hijo a empezar a crear la base de su vocabulario, la cual le ayudará en su periodo de aprendizaje, principalmente, en la escuela.

No todos los niños quieren jugar a «las peleitas»

Algunos niños no encajan en el patrón estándar de querer cada vez más vigorosidad en sus juegos. A los padres de esos niños se les presentan una serie de problemas que son muy diferentes de lidiar con la hiperactividad y el demasiado contacto físico. Seguidamente, transcribimos una conversación que me hizo llegar un padre bastante preocupado por su hijo, no porque este fuera demasiado «activo» en su contacto, sino por la manera en la que expresaba sus sentimientos:

Darío se mete en el coche después de salir del parvulario. Está claramente enfadado.

Papá: ¿qué te ha pasado?
Darío: Luke me ha pegado.
Papá: ¿qué le has hecho?
Darío: nada.
Papá: ¿no le has quitado nada?
Darío: no

Papá: ¿le has llamado algo feo?
Darío: no, nada.
Papá: algo le has tenido que hacer...
Darío: bueno... le dí un beso.

Aprender lo que es aceptable para otros niños (y niñas) es parte de la tarea de un niño en preescolar. Los años que ha pasado antes de asistir a la escuela son cruciales para descubrir las reglas sociales y las maneras en las que hay que hacer las cosas en un grupo. De la misma manera que el éxito académico, las habilidades sociales serán más importantes incluso que el leer y el escribir. Si no puedes entender lo que el maestro o los demás compañeros quieren decirte o no decirte, tener éxito en el aprendizaje de clase será una tarea muy difícil, independientemente de lo inteligente que seas a la hora de leer o hacer cuentas.

Pero en casos como el de Darío, hay algo más que aprender además de las reglas sobre los besos no solicitados. A los tres años, la mayoría de los niños tienen una idea muy vaga de las diferencias que hay entre niños y niñas. Saber que eres un niño, sin embargo, no te dice automáticamente qué es lo que tienes que hacer si alguien te gusta, ni tampoco qué ropa debes ponerte, con qué juguetes puedes jugar o cuan fuertes pueden ser los empujones mientras te diviertes con otros niños en el patio.

Si tu hijo es diferente

Para muchos padres, el hecho de que su hijo sea «diferente» de otros niños, quizá sea un problema. Puede que le guste ponerse vestidos de volantes, puede que quiera jugar con muñecas, a las cocinitas, y puede que además se sienta totalmente desinteresado por los juguetes para chicos, y los deportes. En estos casos, los padres verán sumamente difícil alentar a su hijo de manera continua y apartar sus miedos por lo que pueda ocurrirle. Mientras que muchos padres no temen y se sienten bien viendo como su hijo explora ropas y juguetes femeninos, otros no. Estos últimos padres se preocupan de que su hijo en un futuro sea *gay*, o de que será muy diferente de otros niños, y por lo tanto, su vida esté llena de problemas.

Un padre me explicaba cómo intentaba dar a su hijo el aliento suficiente para que fuese él mismo, pero también su afán de protegerlo de los reproches y la discriminación.

A Ramón le gusta el rosa. Vuelve a casa enfadado, diciendo que los chicos le dicen que es un color de niña, y se ríen y se meten con él porque le gusta. No quiero que cambie para encajar mejor con las ideas de los demás, quiero que tenga sus propias ideas y preferencias ¿Y qué si le gusta el rosa? Le dije que era libre de que le gustara cualquier color, y que a mí mismo me gustaba mucho el rosa, también ¿Si fui convincente? En realidad no lo sé. Me alegra ver que él no va a cambiar para encajar con los prejuicios de otros, pero también estoy un poco preocupado por lo que pueda llegar a pasarle.

El primer día que iba a ir a preescolar, llevaba el «tutú» de su hermana. A la hora de irnos, le mostré dos camisetas para que eligiera una, quitando de su vista el «tutú» mientras se decidía a elegir. No quería cohibirlo ni prohibirle nada, pero temía la reacción de los otros niños.

A veces, necesitarás apartar a tu hijo de ciertas acciones que tal vez le puedan causar problemas, por muy injusto que pueda ser. Cae bajo el juicio de los padres el decidir cuándo. Darle a tu hijo el coraje suficiente con tu apoyo es algo que a la larga, contará mucho más que cualquier cosa que hagas por él, sin embargo, aunque también es cierto que cuanto más alejado estés de su ambiente, menos conocerás las opciones que pueda tener. Este padre que comentábamos antes, puede que tenga una mejor idea sobre lo que Ramón pueda o no hacer si pasa algo de tiempo en las clases de preescolar. Tener a un padre en el edificio puede hacer que la dinámica entre los chicos cambie. Acudir habitualmente a la escuela también puede significar tener que tratar con los puntos de vista de otros padres y profesionales, pero eso también es parte de ser padre (en el capítulo cinco, se cubre el papel del padre fuera de la familia).

Enseñándole por donde empezar de manera correcta

Un padre que ve que su hijo o su hija puede tener dificultades en el futuro, a menudo se esforzará para enseñarle por donde puede empezar su andadura de manera correcta. Algunos padres se llevarán a sus hijos a un partido, o tal vez incluso les insistan para que intenten practicar un deporte durante un tiempo, y así ver si desarrollan algún tipo de interés. Algunos les alentarán para que se inscriban en boxeo o karate, para que así empiecen a tener confianza en su propio cuerpo. Otros intentarán darles algún tipo de perspectiva que les ayude en situaciones difíciles. Tal y como explicó un padre: «hablamos sobre por qué la gente dice esto o aquello, o sobre algunos tipos de personalidad. También hablamos sobre por qué hay gente que dice cosas feas, para que así él pueda tener una visión de lo que les pasa en su interior, y no le choque tanto».

Al mismo tiempo, este padre sabe que hacer desaparecer cualquier bache que pudiera encontrarse su hijo en el camino no es una solución real: «A pesar de que intento apartarlo de cosas que puedan resultarle difíciles, también pienso que necesitará pasarlas por sí solo, ya que esa es la única manera de madurar. No es bueno ir evitando y esquivando todo lo que le vaya a resultar dificultoso».

Al final, sin importar lo inteligente que sea, un padre nunca podrá anticiparse a todos los problemas, y sin duda, no podrá prevenirlos. Dentro de cada casa, el padre puede estar preparado para escuchar y responder cuando el niño esté angustiado por amistades o incidentes ajenos al hogar. El padre «estará allí» para su hijo, dándole todos los mensajes físicos y emocionales que necesite.

CONCLUSIONES

» Asume con toda seguridad que a tu hijo, aunque sea pequeño, le encanta jugar contigo, así que no tienes que esperar a que le entren ganas para jugar con él.

» Si interactúas con él de una manera flexible, enérgica y divertida, con contacto físico, estáis jugando a «las peleitas».

» Este tipo de juego, mejorará la manera en la que él controlará su excitación, entendiendo de mejor manera lo que los otros niños sienten, además de controlar más fácilmente sus propias emociones.

» Los niños aprenden a no ser agresivos en las interacciones que mantienen con la familia. A través de juegos de contacto físico los padres pueden enseñarles mucho sobre la ira y la frustración.

» No todos los padres jugaron a «las peleitas» cuando eran pequeños. Los niños pueden ser excelentes maestros, también.

» Hay beneficios muy saludables para aquellas niñas que tienen un padre con quien jugar a luchar. Esto les ayuda a crecer fuertes y con confianza en su físico. El aliento que un padre ofrece a su hija en lo que respecta a mejorar su fuerza física dará pie a que ella empiece a mejorar su propia fuerza mental y su propia imagen.

» Muchos niños son «mini-guerreros», muy enérgicos, ávidos de jugar a pelear, y los padres, serán los que les proporcionen una manera segura de administrar esa energía.

» Con los hijos dóciles los padres pueden alentar su desarrollo físico, mientras les ayudan a desarrollar estrategias que les eviten caer en problemas.

Capítulo 5

EL PAPEL DEL PADRE

Mi padre fue fontanero, un «hombre de tomo y lomo». No apoyaba demasiado la liberación de la mujer, o que las mujeres trabajaran en la construcción, y cosas así. En casa, estaba orgulloso de ser el único que mantuviera a la familia, y estaba convencido de que mi madre no necesitaba trabajar, mientras que él trabajaba siete días a la semana. Como ex-boxeador, y ex-soldado, creía firmemente en su papel de protector. Mi padre ya ha fallecido, así como las creencias y valores que tan fuertemente apoyaba y creía. En la actualidad, los padres piensan de otra manera, pero ¿qué manera de pensar es esa?, ¿qué valores sobre el papel del padre han tomado el lugar de ser el que trae el pan a la mesa, y el protector de todo?

Desde una cierta perspectiva, se podría describir su papel como el del «pobre padre». La entrada de la mujer en el mundo laboral y el aumento de las familias con dos salarios han dado como resultado el final del papel del padre como única persona que trae el pan a la casa. Asimismo, en lo que respecta a su papel como única figura protectora, con la violencia doméstica y los abusos infantiles de hoy en día, algunas familias estarían incluso mejor sin el papel del padre. El «pobre padre» ha quedado sin ningún papel a desempeñar, y sin ningún valor. Lo mejor que pueden hacer en esta situación los padres es intentar ser como una madre.

¿Hay alguna alternativa? ¿Podemos buscar un papel para el padre, en las parejas que crían a sus hijos juntos, que no sea una copia del papel de la madre? Yo creo que sí.

HACIÉNDOLO DE MANERA DIFERENTE A MI PADRE

Mi padre nunca hacía nada en casa. Se ocupaba de la granja dejándose la piel allí, pero en su vida lavó un plato, nunca hizo de comer, y tampoco creo que hiciera mucho con sus hijos. Todo eso eran tareas de mamá. Así es como me crié. Así es como pensaba que sería cuando me casara y tuviera hijos. Cuando le diagnosticaron el autismo a Daniel, bueno, me derrumbé, así que pensé: «creo que voy a tener que hacer las cosas de manera diferente».

EL PAPEL DEL PADRE CON LOS NIÑOS

Al ver a algunos padres sentados sobre las esterillas en los grupos de trabajo, puedes deducir fácilmente cuales tienen experiencia en hacer de padres. Esos padres están mucho más relajados, estarán interesados en lo que hace su bebé, pero también estarán atentos a lo que hacen los otros niños.

Tienen un nivel de comodidad que no tiene nada que ver con su personalidad, pero que refleja su conocimiento sobre los niños. Físicamente, están más calmados que los otros padres, y parecen capaces de interaccionar con el niño de una manera que podríamos denominar de «dentro a fuera», metiéndose de lleno en el juego para luego retirarse cuando al bebé le llama la atención algún sonido cercano, u otro niño.

Los bebés de un año quedan fascinados cuando ven a otros niños, y buscarán interactuar con ellos durante largos periodos de tiempo incluso cuando los padres no estén cerca.[63] Los padres que no han pasado el tiempo suficiente con sus bebés puede que encuentren difícil «ver» que es lo que está pasando cuando el bebé intenta comunicarse, y así, se sienten menos seguros acerca de lo que tienen que hacer, o de cuándo deben hacerlo.

¿En qué está pensando?

Hay una pregunta que puede marcar una gran diferencia en cómo pasan el tiempo un padre y un hijo, y en cómo se desarrolla el vínculo entre los dos. Es una cuestión que en principio parece simple, pero probablemente, es la más importante que puedes hacerte en lo que respecta a bebés y niños pequeños: ¿en qué está pensando? Puedes preguntártelo todas las veces que quieras, y lo positivo de esa pregunta nunca dependerá de si recibes o no la respuesta correcta. Lo importante es preguntártelo a ti mismo. Cuestionarte lo que pasa en la mente de tu hijo te permite intentar imaginar cómo es ver el mundo desde el punto de vista de alguien que no puede explicarte con palabras qué es lo que siente o quiere.

APRENDIENDO A HACERSE LA GRAN PREGUNTA[64]

Jai contactó con el centro de paternidad hace tres meses, después del nacimiento de su hijo, porque vio un panfleto anunciando un «Programa gratuito para padres». Su bebé, Joel, estaba bien, pero su esposa, Angie, había caído en una depresión post-parto, y si bien ahora estaba mucho mejor, todavía veía un poco difícil tratar con Joel. Lo que Jai buscaba en este programa para padres era ayuda para convertirse en mejor padre. Fui a ver a Jai a su casa cada semana durante tres meses. La ayuda que le ofrecí fue algo básica. Tomé una cámara de video, y después hablamos durante un rato sobre como Joel se estaba desarrollando. Luego los grabé jugando, y haciendo lo que normalmente hacían juntos. A la siguiente vez que acudí, Jai y yo miramos la cinta de mi última visita mientras hablábamos de lo que veíamos. Todas las preguntas que yo le realizaba a Jai eran de la misma índole: «viendo ahora la cinta, ¿qué es lo que Joel está pensando cuando le enseñas ese sonajero amarillo, y él lo aparta?» o «cuando intentaba trepar por tu pierna, y se agarraba a ti, ¿qué es lo que piensas que pasaba por su mente?».

Durante mis primeras visitas, Jai cambiaba de actividad cada par de minutos porque, según decía, Joel padecía falta de atención. A medida que las visitas se iban sucediendo, Jai empezó a vigilar a Joel con más atención, para luego ajustar los juegos que realizaban o lo que hacían juntos hacia lo que él creía que interesaba a Joel. En una de mis últimas visitas, Joel trepó por la bolsa de la cámara e intento morder las asas. Después de un rato, miró a su alrededor nervioso y se bajó para luego ir al regazo de Jai y quedarse allí tranquilo. Cuando vimos esa parte de la cinta, Jai dijo: «esta es la primera vez que me pidió que lo tomara en brazos», y luego, en *voz más baja, dijo: «supongo que nunca antes le di confianza para que lo hiciera».*

Cuando las visitas fueron avanzando, la esposa de Jai dijo que le estaba cambiando la visión que tenía sobre su propio hijo, ya que, al preguntarle qué era lo que ella creía que estaba pensando su Joel, sus propios sentimientos hacia el bebé habían crecido, y ahora disfrutaba mucho más con él. Hacerse la gran pregunta, no solo una vez, sino una y otra vez a lo largo de los meses, había permitido a Jai construir un papel paternal con el niño en el que no era importante si Angie estaba cerca o no.

Controlar el llanto

Cuando los padres se quedan solos cuidando de sus hijos, pueden desarrollar y mejorar los juegos que practican con sus bebés. Una voz profunda siempre ayudará a calmarlo, y el padre aprenderá a reconocer los cambios en el humor del niño, así como lo que atrae su atención. Si todo consistiera en cuidar del bebé, los padres estarían todo el tiempo posible con su hijo, pero los bebés tienen una característica que puede sacar de quicio muy rápidamente: el llanto. Cuando un niño llora, no es algo que se pueda ignorar fácilmente. El llanto de un niño está ahí para incomodar a los padres, es parte del diseño evolutivo de los humanos para asegurarse de que la especie sobrevive, así que sí, el llanto de un niño está diseñado para ser molesto, pero si no tienes ni idea de por qué está llorando el crío, o cómo hacer que pare, la mera imagen de un niño llorando a pleno pulmón se nos hace muy incómoda.

Entendiendo por qué llora el niño

El primer paso para entender por qué un niño llora, es sencillo. Hay listas interminables tanto en internet como en los libros sobre parenting: tu bebé puede que tenga hambre, puede que esté cansado, empapado, incómodo, enfermo, asustado, aburrido... pero saber todas las posibles causas del llanto, no ayuda demasiado. Cuando un padre está bajo presión, por ejemplo, cuando la madre no está en casa y el bebé está llorando, intentará dos o tres opciones básicas antes de que la desesperación se apodere de él. Cuando un padre haya utilizado todo lo que sabe (cambiar los pañales, poner al bebé boca abajo para que se duerma, intentar darle el biberón) y el bebé sigue llorando, se requiere una gran fuerza de voluntad para considerar otras opciones, tales como cantar una nana, intentar pasearlo en brazos, o cambiarlo de posición. Las madres a menudo ofrecen su pecho para que el bebé esté más cómodo, y para alimentarlo, pero los padres tienen que usar su inventiva.

Una herramienta «de serie» que tienen los padres es su tono de voz grave. Muchos bebés encuentran el tono de voz de su padre tranquilizador, por ser más bajo. Susurrar, canturrear o simplemente hablar a tu bebé mientras paseas con él en brazos puede dar resultado. Los padres también pueden descubrir sus propias técnicas para calmar a los niños. Una vez, en plena crisis de llanto, un padre se llevó a su hijo al lavadero, para que su mujer tuviera un descanso. Al rato, se dio cuenta de que el bebé se tranquilizaba cuando la lavadora entraba en el programa de «centrifugado». Durante todo el mes utilizó ese truco cada vez que el bebé se ponía nervioso. La factura de la electricidad engordó bastante, pero el padre se las arregló para mantener al niño tranquilo. Al pasar el mes, el truco del centrifugado dejó de surtir efecto, pero para entonces ya había dado con otras soluciones. Conocer información básica sobre cómo el llanto influye en el desarrollo del niño, también ayuda.[65] Si sabes que el llanto usualmente alcanza su punto culminante en las primeras seis semanas después del nacimiento, ello te ayudará a mantener la calma cuando tengas que levantarte por tercera vez para atender a tu hijo de cuatro semanas. Pensar en el llanto como una forma de comunicación en lugar de decir «¡oh, no, está llorando otra vez, algo debe andar mal!», también generará ideas más flexibles acerca de cómo manejar la situación. A veces los bebés caen en situaciones de llanto muy alarmantes, sin que el propio llanto les produzca ningún daño. También es bueno saber que a una edad tan temprana es imposible malcriar a un bebé. Los padres (y también las madres) a veces se preocupan pensando que si toman al niño en brazos, éste considerará que es un premio por haber llorado. Ocurre justamente al contrario. Cuando los padres responden al llanto del bebé, al ir éste creciendo, es casi seguro que tendrá menos ataques de llanto que si ignoran sus lloros. El verdadero peligro del llanto prolongado es que al padre (o la madre) puedan llegar a sentirse tan frustrados que terminen tomando al niño y sacudiéndolo bruscamente para ver si así deja de llorar. Siendo que el cerebro del niño es muy vulnerable en esta edad, ese tipo de sacudidas pueden causar un daño de por vida.

Un papel constante

El papel de los padres con los bebés, con los niños, con los adolescentes y con los chicos y chicas ya crecidos, es siempre el mismo: intentar crear un vínculo fuerte y afectivo con el que se puedan sentir seguros en su relación con el niño, para así animarlos a seguir explorando el mundo. El tiempo que paséis solos con él mientras el niño es aún pequeño es muy importante, ya que es ese el momento en que los padres suelen quedar más desplazados. Los padres no tienen por qué aceptar el papel de «ayudantes de la madre», pues como hombres, pueden estar seguros de que tienen todo lo necesario para formar una conexión firme y segura con su hijo, y asimismo, pueden empezar el proceso de vinculación tan pronto como se sientan preparados, ya que tu bebé seguramente estará listo mucho antes que tú.

Nota: en ningún momento queremos sugerir que, a la hora de reclamar tu papel como padre con el bebé, tengas que desplazar a la madre, o minimizar la importancia de su conexión con el bebé (incluyendo el alimentarlo y el amamantamiento). Buscar una conexión más cercana entre el padre y el bebé no debe en ningún momento minimizar el papel de la madre con él. Como veremos en la siguiente parte, construir un buen equipo para criar a vuestro hijo, será también una parte crucial del papel de padre.

El triángulo padre-bebé-madre

En una serie de interesantes experimentos, un equipo de investigadores suizos dispuso a varias parejas con sus bebés de tres meses en una formación triangular. Los dos progenitores se sentaban en cada uno de los ángulos del triángulo, con el bebé en la cúspide mirándolos de frente sentado en una silla para bebés.[66] Las instrucciones eran sencillas. Sin levantarse de las sillas, primero uno de los progenitores jugaría con el niño, luego, después de un rato, el otro, y luego, al cabo de otro rato, los dos jugarían juntos con el bebé. Los investigadores abandonaron la sala y dejaron las cámaras grabando.

Cuando se analizaron las cintas de las interacciones de la familia, vieron que el bebé, incluso a la edad de tres meses, quería que ambos padres interactuaran a la vez con él. Cuando uno de los progenitores jugaba con el bebé, el bebé buscaba con la vista al otro para ver qué estaba haciendo, y ver si podía unírseles en el juego. Lo que también quedaba claro era cómo los papás y las mamás se apoyaban o se pisaban a la hora de jugar con el niño. En algunas parejas parecía existir cierta competición, con cada uno de los progenitores intentando jugar constantemente con el bebé, o interrumpiendo el juego que el otro mantenía con el niño. En algunas de las parejas, uno de los progenitores miraba aburrido mientras que el otro jugaba, tan solo para «volver a la vida» cuando «le tocaba a él». En contraste, en las parejas en que las labores de paternidad se compartían, cada progenitor se centraba en el bebé, observándolo, pero sin interferir en el juego que mantuviera con el otro progenitor. En estas familias era como si los dos padres llevaran y colaboraran en el juego, incluso cuando era uno solo de ellos el que estaba jugando con el niño. Los bebés de las familias que mantienen las obligaciones parentales conjuntas obtienen mayores logros sociales que aquellos cuyos padres compiten o tienen una interrelación más caótica entre ellos y el bebé.

Incluso antes del nacimiento[67]

Lo más impresionante de esta investigación fue que los padres podían clasificarse en parejas con una colaboración parental fuerte, o débil incluso antes de que el bebé naciera. A las parejas voluntarias que estaban a la espera de un nacimiento se les posicionó en la misma situación anterior, con las sillas en dos de los ángulos de un triángulo. El «bebé» en este caso era un muñeco con el aspecto y vestimentas de un bebé, pero, sin ojos ni boca. Analizando el video en el que los padres simulaban jugar con el muñeco, los investigadores pudieron predecir antes del nacimiento cuan competente socialmente será el bebé. El hecho de que la manera de realizar juntos las labores parentales de estos padres y madres pueda ser identificada antes de que el bebé nazca sugiere que el colaborar en ellas es más una decisión automática que una decisión consciente, aprendida dentro de la propia familia cuando ellos mismos fueron criados. Esto significa que si el padre ve que la madre y él no están haciendo bien el trabajo juntos, él, ella, o ambos, deberán hacer un esfuerzo real para cambiar su forma de interacción. Deberán ver qué está pasando entre ellos, y después tendrán que intentar otra manera de realizar su labor.

Ryan hace cambios

Emma y yo nos separamos, pero yo todavía no me había llevado todas mis cosas. Después, el test de embarazo de ella dio positivo. A mí ni se me había pasado por la cabeza tener hijos, surgió sin estar previsto, y yo no quería ser padre en absoluto. Yo lo que quería era ir por ahí con mis amigos y beber, además, tenía un grupo de música. Era muy autoindulgente, no quería tener responsabilidades. El tener que trabajar, mirar menos por mí mismo y criar a un niño era un gran cambio. Por aquel entonces, nunca hubiera pensado que terminaría sintiéndome cómodo haciendo de padre al cuidado de su hijo mientras Emma trabajaba tres días a la semana. Fueron necesarias muchas horas de charla y negociaciones aún sabiendo que yo no faltaría a mi responsabilidad una vez hubiera niños implicados en el asunto.

No suelo tomarme muy bien las críticas, y cuando ella decía que yo no estaba haciendo esto o lo otro, yo lo negaba todo. Me gusta verme como una persona razonablemente

inteligente, así que luego, pensando como había reacciona-
do, lo meditaba, y al cabo del rato volvía, diciendo: «he esta-
do pensando en lo que me has dicho», y entonces cedía en
algunas cosas e intentaba mejorar, pero sin admitir que esta-
ba equivocado al 100%. Al terminar el primer año, volvimos
de nuevo a estar juntos. Las mujeres entran en un nivel com-
pletamente nuevo de atractivo cuando te das cuenta de lo
que son capaces, de lo fantásticas que pueden ser como ma-
dres, y de cómo pueden beneficiar tu vida, y la de tu familia.

EL PAPEL DEL PADRE CON UNA MADRE QUE AMAMANTA

Si tu bebé pudiera hablar, seguramente diría algo como «papá, ¿me harías un favor?, asegúrate de que me nutra de toda la leche de la que pueda abastecerme». Desde el punto de vista del bebé, tener a un padre que se involucre en el amamantamiento es una ventaja. El padre no puede producir leche, y tampoco puede suministrarla, pero puede marcar una gran diferencia en la decisión de empezar a amamantar, y es crucial a la hora de mantener la leche fluyendo.

La prueba de que los bebés que son amamantados siempre crecen más saludables es más que evidente. Si acudimos a internet, vemos cuantos beneficios conlleva dar el pecho a tu bebé (por ejemplo, la disminución de infecciones, el mejor crecimiento, y el aumento de inteligencia). Como padre, tu rol es más obvio, apoyar a la madre de tu bebé en la fase del amamantamiento. Algunas madres empiezan a amamantar después del nacimiento, pero abandonan enseguida porque piensan que aquello «no funciona».[68] No es sorprendente. Si se esfuerzan un día sí, y uno no, los pezones se resecan y el bebé no mama apropiadamente, no es raro que se rindan.

Dudas, confusión y pérdida de confianza son los grandes enemigos cuando alimentar resulta difícil.

Donde el papel de los padres se convierte en crucial

Los padres deberían estar alerta a comentarios como: «Quizás debería mecerlo» o «Quizás debería probar con la cabecita así...», es decir, a comentarios que apuntan hacia algo que la madre cree que no está haciendo bien. Animarla en sus esfuerzos es crucial. El hecho de que amamantar a un niño sea algo natural, no quiere decir que sea un proceso automático. Las madres deben aprenderlo. Tú puedes ayudarle simplemente ajustando la almohada para que la cabeza del niño esté en el ángulo adecuado. Tú puedes ser el compañero tranquilo y calmado que le dé seguridad cuando ella empiece a pensar que todas las madres han sabido hacerlo menos ella. Y hay muchas cosas de tipo práctico (limpiar, comprar, cocinar, etc.) que tú puedes hacer para aliviar su carga de trabajo a fin de dejarle más espacio para el amamantamiento.

Lo que quieren las madres

Cuando se les pregunta a las madres qué desean del padre en cuanto a la lactancia, su respuesta suele ser siempre: apoyo para mí y para el bebé. Decir desde la puerta cuando te vas a trabajar: «Suerte con el amamantamiento» puede no ser suficiente. La atenta observación te ayudará a comprender cuál es la mejor posición para el niño y la madre. Como decía una mamá: «Mientras la asistente en lactancia estaba conmigo, él estuvo presente y luego me recordaba cosas que a mí se me habían pasado por alto, sugiriendo la postura más adecuada, todo esto genera sensación de apoyo».

Si nunca has oído hablar de la mastitis (una de cada cinco madres la tienen durante la época de lactancia) lo descubrirás cuando ella empiece a quejarse de la inflamación en los senos y de la fiebre.[69] Solo que muestres interés en la cantidad de leche que necesita un bebé, o lo rápido que el estómago del niño absorbe los nutrientes puede tener un gran efecto. Las madres en época de lactancia han comentado que, para ellas es un gran apoyo moral, ver a los padres leyendo sobre el amamantamiento, buscando en la red, o preguntándo a sus compañeros de trabajo sobre el tema. Este tipo de acciones, muestran a la madre que no está sola en esto.

Otra razón que las mamás dan para no amamantar a sus hijos es que quieren que el padre se involucre más. Al mismo tiempo, algunos padres están totalmente confundidos creyendo que el pecho es la única manera de conectar con el bebé, pues hay una gran cantidad de formas físicas de hacerlo, además de darle de mamar.[70] Puedes atraer a tu bebé hacia tu pecho (esta es una técnica procedente de Colombia, se llama «hacer de canguro»). A los más pequeños, esto les ayuda a regular su temperatura, aunque funciona con bebés de cualquier edad. Es una manera de vincularse con él, de hacer que se sincronice con mamá y con papá. Cambiar los pañales, vestirlo, bañarlo, y jugar con él pueden ser también buenas opciones para conectar con tu hijo.

NO ES DEMASIADO TARDE. UNA MADRE DA UNA EXPLICACIÓN[71]

Creo que en parte la culpa la tuvo el hecho de que mi marido no creara ningún vínculo con ella durante los primeros meses. No es que la mantuviera apartada de él de manera inten-

cionada, pero estaba fuera la mayor parte del día, y yo era la central lechera. Cuando empecé a planear mi vuelta al trabajo, decidí hacerlo el día de la semana que mi marido libraba. Desde el primer día vi la diferencia en ambos. Él tenía más confianza, y se sentía más orgulloso de poder ayudar cuando yo estaba en casa, y ella, simplemente estaba embelesada con su papá. Fue sorprendente, me hubiera encantado que se hubiera involucrado mucho antes.

¿Y si ella no puede dar de mamar?

Si ella no puede dar de mamar, el papel del padre es todavía más importante, ya que entre los dos, deberéis percataros de cuáles son las necesidades del bebé, y controlar toda la alimentación, los gases y el bienestar que implica cuidar a un recién nacido. También, puede que ella se sienta como una fracasada por no poder dar de mamar. Si se da esa situación, deberéis entender qué es lo mejor para vuestro bebé, así que a la vez que tú le ofreces tu apoyo, puedes aprovechar esta oportunidad para ocuparte tú mismo de las labores de alimentación.

Hay un factor definitivo muy importante para los padres. El número de hijos que tenga una mujer, afectará al aspecto de sus pechos, pero el amamantamiento no.[72] En lo que a la forma y aspecto de los pechos se refiere, no hay evidencias que demuestren diferencias entre las madres que han amamantado y aquellas madres que han utilizado un biberón.

EL PAPEL DEL PADRE CUANDO LA MADRE ESTÁ DEPRIMIDA

Desafortunadamente, la depresión post-parto es muy común entre las mujeres. Uno de cada siete padres al volver a casa se encontrará a una esposa que se sentirá una fracasada, que no está cumpliendo con todas las exigencias y obligaciones de ser madre, sintiéndose muy deprimida.[73] Muchos padres aseguran que ver a la madre de su bebe llorar, cuando se supone que debería estar encantada con la llegada del niño, es una de las experiencias más duras por las que han tenido que pasar.

El enfoque 'Superman'

Una reacción muy común al llegar a casa y ver a tu mujer deprimida y sin disfrutar del bebé es intentar ser 'Superman'. La idea del enfoque 'Superman' es que no importa lo difícil que sea la situación, hay que tragársela y hacer lo que se deba hacer. Es tu hijo, es tu familia, así que debes ser capaz de controlar la situación. El problema es que 'Superman' nunca tuvo hijos, por lo que nunca tuvo que lidiar con este tipo de «kriptonita» que nos describe este padre:

«Llegué a casa a eso de las once de la noche, después de terminar mi turno. Normalmente es a esa hora cuando limpio y paso la aspiradora. Jill, simplemente, no está para esas labores ahora mismo. Se siente muy deprimida, lo está pasando un poco mal con Celia (nuestra niña de tres meses), ya que la nena, por lo visto, no come muy bien.

Esa noche, terminé con la aspiradora, y luego me senté en la cocina, donde Jill estaba lavando los platos que se habían apilado durante el día. Jill me dijo: «no le has dado bien por detrás de la televisión». Ya conocía ese tono, era el tono de estar buscando pelea. Había desarrollado esa forma de proceder tras tener al bebé. Sabía que enfrentarme a ella no ayudaría en nada, así que dije: «ok, le daré un repaso». Jill se quedó mirando la alfombra y me lo soltó de golpe: «no le has dado bien, porque no me quieres, y no quieres al bebé»».

Este padre tuvo que pasar por este bache en su relación, incluso necesitaron ayuda para poder pasar la crisis. Jill vio a su médico, y acudió a un grupo de terapia con otras madres que también estaban padeciendo depresión, aceptó la oferta de acudir con ellas y hablar con otros padres en la misma situación.

Hablar con otros padres

Si la madre de tu hijo parece estar deprimida, hablar de ello con otros padres no te otorgará poderes mágicos curativos, pero te ayudará a mantener la perspectiva de la situación. También te proporcionará información bastante útil sobre qué hacer y qué no hacer. Los padres que han pasado por esto antes, te avisarán de algunos errores bastante comunes, como «intentar arreglar el problema» o «ponerse negativo». A la vez, te podrán informar sobre cómo actuar de manera útil, y cómo «darte cuenta cuando la que habla es la depresión», además también pueden darte ideas sobre «cuándo hay que hacer caso y cuando no».

¿Intentar arreglar el problema?

Si eres uno de esos padres a los que les gusta «arreglar las cosas» (ya que todos y cada uno de nosotros tenemos un poco de 'Superman' en nuestro interior), la depresión postparto va a ser un camino arduo y duro para ti. Un padre me dijo una vez que intentó «arreglar» el problema con su esposa, yendo de compras:

> Cogí todas las cosas de Zac y lo vestí, listo para salir a la calle. Lo tenía todo preparado para ir de compras, lo metí en el cochecito, y Cheryl se vino con nosotros. Iba a arrancar el coche, cuando la miré. Tenía los ojos llorosos, y no paraba de decir: «todo el mundo lo puede hacer, todo el mundo, menos yo». Al final, nos bajamos y no fuimos a comprar.

Cuando una madre novata se deprime, no hay manera de esquivar el tener que escucharla, y no hacer nada. Es algo que para muchos de nosotros no es fácil de conseguir.

¿Ponerse negativo?

Cuando parece que ya está bien, al día siguiente vuelve a ponerse en su estado negativo y desesperanzado. Esto puede llegar a ser bastante frustrante porque tú intentas «estar ahí» para ella, mientras que sigues trabajando y haciendo lo mejor posible las labores de casa extra que te tocan ahora que ha llegado el bebé. Algunos padres empiezan a hacer horas extra en el trabajo, o a quedarse en él hasta tarde, porque es menos estresante estar en el trabajo que en casa. Otros empiezan a pensar que el matrimonio se ha acabado, y que el amor se ha esfumado por la puerta. Dejar que te invadan esos pensamientos negativos, es un error. Lo único que vas a sacar de ellos es que termines separándote de la mujer a la que quieres, y de tu bebé. La depresión ejerce mucha presión en la relación, y uno de los miedos de la madre puede ser que, por ser verdaderamente una mala madre, tú te apartarás de ella. Así que, mantente positivo en esta batalla contra la depresión, ambos estáis del mismo lado.

Cuando es la depresión la que habla, es un tema serio

Un paso positivo para los padres es darse cuenta cuando es la «depresión la que está hablando». Tan pronto como los comentarios y el tono de tu mujer o compañera empieza a sonar muy crítico, es recomendable pensar: «ahora es la depresión la que está hablando, y no ella». El padre del ejemplo anterior, el de la aspiradora, tuvo que darse cuenta de este hecho, de otra manera hubiera terminado con la estúpida idea en la cabeza de que él ya no la quería ni a ella ni al bebé. Reconocer que las críticas son parte de la enfermedad de la depresión, hace más fácil poder avanzar y apartarse de ella. Tratar la depresión como una enfermedad «en sí» puede significar tomar decisiones difíciles, apartándose incluso del trabajo durante un tiempo, y no nos referimos a una tarde, o a unos cuantos días, sino una temporada, tal vez semanas, o meses, para ocuparse de este grave problema familiar.

EL AZOTE DEL SMSL

Para los bebés de las zonas industrializadas, la causa de muerte más común durante el primer año es el Síndrome de la Muerte súbita del Lactante, o SMSL, del que aún no se conoce la causa exacta.[74] En los Estados Unidos, 2500 bebés saludables mueren cada año por esta causa. Como sugiere su nombre, el efecto es inesperado y súbito. El bebé normalmente se pone a dormir en perfecto estado de salud, pero no logra sobrevivir a la noche. No sabemos exactamente las causas, pero podemos aislar algunos factores de riesgo que aumentan las posibilidades de que ocurra. Cambiando la manera en la que el bebé es echado en su cuna a la hora de dormir (sobre su espalda, en lugar de boca abajo), el índice de

mortandad por SMSL ha disminuido en los países occidentales en un 50% durante la última década.

Cuando los que hoy son nuevos padres nacieron, nadie
sabía nada del SMSL, no había organizaciones recaudando
dinero por esta causa, y no había panfletos que advirtieran
sobre cómo posicionar al bebé mientras estuviera durmiendo, o que no durmieran con ellos si fumaban. Todo el asunto de dónde o cómo duerme el bebé, no se comentaba ni se
estudiaba. Hoy, sin embargo, si eres padre de un recién nacido, será muy difícil que no hayas oído hablar de todo esto.
La matrona, el obstetra, tu ginecólogo o tu pediatra, probablemente te alertarán sobre los peligros del SMSL, o al menos, te entregarán alguna guía que te señalará los peligros que
entraña y te instarán a que dejes al niño en otra habitación,
o al menos, en una cama separada, pero muchos padres no
quieren que el niño duerma en otra habitación, y prefieren
mantener al bebé en la cama con la madre (o el padre) para
alimentarlo y que duerma de manera más fácil.

El SMSL y los bebés dormidos

Saber que las muertes por SMSL en Australia son de una
cada dos mil, no sirve de ayuda a la hora de indicar cuan en
serio debes tomarte esto. Factores específicos, como el que
alguno de los progenitores fume, aumentan las posibilidades
de muerte por SMSL, pero hay millones de padres que fu-
man y duermen con sus bebés, y estos viven perfectamente.
Por otro lado, una de cada diez muertes por SMSL no tenía
ningún factor de riesgo. Ni los padres fumaban, ni los niños
tenían demasiada ropa de abrigo, y dormían en camas separadas, y sin embargo, murieron por SMSL. Para compli-
car aún más las cosas, las investigaciones indican que se han

encontrado notables evidencias de que cuando el bebé duerme con la madre, esto tiene efectos positivos para la salud del bebé. Mantener al bebé en la cama con la madre facilita el amamantamiento, lo que hace que el bebé crezca sano.

En este punto, se te hará difícil contestar a la pregunta. «¿de qué forma vamos a dormir?». Si tu bebé se queda en vuestra cama todas las noches, ¿qué pasa con la intimidad de la pareja? Para muchos padres, tener a un bebé junto a ellos, el cual se despierta casi cada minuto, no es la mejor manera de disponer de intimidad. Cuando una pareja empieza a preguntarse cómo retomar su vida sexual, es el momento de decidir dónde va a dormir el bebé.

CONSEJOS SOBRE SEXUALIDAD PARA LOS PADRES NOVATOS

Aconsejar a padres novatos sobre cómo deben reanudar su vida sexual después de que el bebé haya nacido es una cosa constante, pero aburrida, y al final, no sirve de mucho. Los consejos típicos para padres que se suelen encontrar en las páginas web es que sean pacientes, que no exijan demasiado, que sean considerados con los sentimientos de la madre, y hablar, hablar es lo que deben hacer todos los padres, y es lo que hacen. Lo que no dicen todas estas sugerencias y consejos, es cómo tratar con la frustración mientras eres paciente, cómo conocer los sentimientos de la madre, encontrar el momento idóneo para hablar sobre ello cuando estás agobiado y cansado por el trabajo, y encima no encontráis el tiempo.

Los consejos que se les dan a los padres son razonables, pero ambiguos e imprecisos, porque cada padre y cada madre tienen su propia situación en su vida sexual. No hay ninguna fórmula para retomar la vida sexual de nuevo después de que el bebé nazca, ya que hay demasiados factores únicos y especiales en cada pareja.

Lo que sí sabemos es que las parejas suelen, finalmente, dar con la solución para retomar su vida sexual de una manera en la que ambos estén de acuerdo. Según nuestros datos, una de cada cinco parejas consiguen solucionar el problema en un mes, y nueve de cada diez vuelven a tener sexo en doce meses.[75]

Hay dos mensajes muy importantes a tener en cuenta. La relación sexual después de que el bebé haya nacido será una cosa totalmente nueva. Primero, no será igual que antes del parto. El problema de cómo dormir es tan sólo un pequeño detalle del cambio que deberás darle a tu intimidad sexual después del alumbramiento. Para muchas mujeres, habrá efectos secundarios después del proceso de haber dado a luz, como puede ser dolor en la penetración, lo cual hará que para los dos, el concepto del deseo sexual cambie drásticamente, pero a medida que los efectos físicos del parto vayan pasando y solucionándose, el impacto de tener un nuevo miembro en la familia perdurará para siempre. Ahora que tienes un bebé, tu familia y toda tu realidad emocional (incluyendo la realidad erótica) serán diferentes. La idea de que «podáis volver» a tener una relación sexual igual que la que teníais antes de que el bebé naciera, es un mito. Fueran cuales fueran las circunstancias del parto, ahora eres algo más que la parte masculina de una pareja sexualmente activa. También eres un padre dentro de una pareja que está criando a su hijo.

El segundo mensaje a tener en cuenta es que la madre de tu bebé, seguramente, ya tendrá una idea de como seguir la relación sexual. A partir de ahora, tenéis toda una nueva relación por desarrollar, una que permita asumir el hecho de que ahora tenéis un niño a vuestro cargo. Esta también es una parte importante para ejercer una buena paternidad, ya que sin tener una buena relación íntima, encontrarás muy difícil poder colmar de buenos cuidados a tu bebé.

EL PAPEL DEL PADRE CON LOS OTROS PADRES

Muchos hombres tienen que aprender cómo hacer de padre con su recién nacido sin tener la oportunidad de aprender de otros padres, o de hombres más maduros que hayan pasado por situaciones similares. El hecho fundamental de tener que trabajar como equipo junto con la madre, no implica que deba desconectar y privarse del conocimiento que otros padres le pueden aportar, así como de profundizar en el entendimiento de su papel a través del diálogo y la comparación con otros hombres. En muchos casos, sin embargo, no habrá una manera que tenga el éxito asegurado a la hora de empezar a conectar con otros padres en tu misma situación. Conectar con otros padres puede que requiera de cierto esfuerzo, y puede que implique tener que salirte de tu cómoda zona de control.

Se precisa cierto tipo de coraje

Hace algunos años, varios estudiantes y yo le preguntamos a un grupo de padres con hijos en edad de conducir sobre qué estrategias seguían a la hora de enseñar a sus hijos la conducción. Las estadísticas de muerte y de accidentes graves, como los que provocan fracturas craneoencefálicas, son lo suficientemente explícitas como par asustar a cualquier padre que tenga un hijo adolescente. En los pueblos en los que entrevistamos a los padres, había comunidades enteras traumatizadas por la pérdida de vidas de jóvenes en la carretera.

Son muchos los padres que se preocupan cuando sus hijos comienzan a conducir, especialmente cuando quieren salir por ahí con sus amigos, pues piensan que tal vez su conducción no será la apropiada. Estos padres intentan hacer entender a sus hijos, que los accidentes normalmente se producen cuando se está haciendo el «ganso», o alardeando delante de otros chicos. Aún así, no conseguirán conciliar el sueño hasta que no oigan el sonido del coche de su hijo aparcando junto a la casa.

En nuestro estudio, a estos padres les hicimos la pregunta de: «¿conoce a los amigos de su hijo?». Pregunta a la que la mayoría de los padres contestaron afirmativamente. Luego les preguntamos si estaban preocupados por lo que pudieran hacer con su hijo cuando salían juntos, y si alguna vez pensaban si los padres de estos chicos también se preocupaban. Los padres contestaron que sí, que es muy posible que los padres de esos otros chicos también se preocupasen. Finalmente, cuando les preguntamos sobre por qué no llamaban a esos otros padres y comprobaban si juntos podían hacer algo. Ninguno de ellos había siquiera considerado realizar tal cosa. Todos decían que se hubieran sentido muy incómodos a la hora de hablar con otros padres que ni siquiera conocían. Su preocupación por sus hijos no era lo suficientemente grande como para superar la idea de llamar a otro padre, que no conocían de nada, para preguntarle sobre las aptitudes automovilísticas de su hijo. Esas entrevistas nos mostraron que a los padres, incluso al comprobar que sí, que tienen cosas en común con otros padres, les costaría mucho contactar y conectar con otros padres, incluso tratándose de temas tan serios como un posible accidente en la carretera.

Comprobamos la existencia de esta misma distancia entre los padres de la *Unidad de Cuidados Intensivos para Recién Nacidos*, donde algunos padres iban inmediatamente después de salir del trabajo para sentarse junto a sus bebés enfermos. Algunos de ellos acudían al grupo de reunión semanal de padres, y, durante una sesión, les preguntamos por qué no hablaban unos con otros, por encima de las cunas donde sus bebés descansaban. Uno de los padres nos explicó: «bueno, en ese lugar la gente está recibiendo malas noticias todo el tiempo. Si le preguntas a otro padre «¿cómo estás?», seguramente lo que hará será comunicarte alguna terrible noticia respecto al estado de su bebé, para después tal vez más tarde venirse abajo, y para entonces, «¿dónde estarás tú?»».

Ninguno de estos hombres padecía falta de valor, y tampoco tenían una personalidad tímida. De lo que carecían era de experiencia a la hora de conocer a otros padres y hablar con ellos sobre la paternidad, y carecían de la confianza necesaria para manejar las reacciones de otros hombres. Durante aquellos días, estos padres tuvieron la oportunidad de conocer a otros padres. Hoy, las clases prenatales solo para hombres, para padres primerizos, y los grupos de juego de padres e hijos son más fáciles de encontrar. También hay oportunidades en Internet a través de los *chats* para padres, y los grupos de discusión. Muchos papás incluso utilizan *Youtube* para compartir las experiencias que están viviendo con su bebé y sus hijos pequeños, dejando que el humor hable por sí mismo, a pesar de que este medio no ayuda a que los padres conecten entre ellos.

EL PAPEL DE UN PADRE CON LOS NIÑOS (QUE ALGÚN DÍA SERÁN PADRES)

Dentro de las discusiones de *Enseñando a tu hijo a conducir*, los padres reconocen que las condiciones de conducción han cambiado drásticamente desde aquellos tiempos en los que ellos comenzaron a aprender a llevar un coche. El aumento del número de vehículos en estas dos últimas décadas implica que los nuevos conductores se enfrentan a una densidad de tráfico que muchos de los padres actuales no vieron hasta mucho después de empezar su andadura como conductores. Las restricciones del alcohol y el aumento de actividad policial, lleva consigo que sus hijos no tengan ninguna oportunidad de emular los repetidos excesos que sus padres cometieron, como por ejemplo, conducir de vuelta a casa totalmente borracho.

«Ví mi coche justo enfrente de mi casa a la mañana siguiente, pero no tenía ni idea de como había llegado allí».

Muchos de los hombres son reticentes a la hora de admitirles a sus hijos lo que ellos mismos hicieron cuando eran jóvenes conductores, ya que creen que los chicos aprovecharán la oportunidad de que ellos hayan admitido ese comportamiento, para ignorar los importantes cambios que han tenido lugar a lo largo de esta siguiente generación.

Los hombres que entrevistamos eran de diferentes ciudades y profesiones. Algunos trabajaban como corredores de bolsa, y otros como granjeros. Sin embargo, sus preocupaciones sobre enviar el mensaje correcto a sus hijos, eran muy parecidas. Querían protegerlos de las heridas y el trauma que supone tener un accidente de tráfico, pero pocos eran capaces de transmitir sus conocimientos sobre conducción a sus hijos. Estos hombres, probablemente subestimaron las lecciones que se supone deberían haber pasado a sus hijos sobre como debían conducir. Los chicos que se están convirtiendo en hombres valoran mucho tener la posibilidad de oír a sus mayores (y no nos referimos únicamente a sus padres) sobre las decisiones que deben tomar.

Un foro masculino a resaltar

La idea me la trajeron a casa cuando el director de una escuela con un alto índice de alumnado indígena me pidió que realizara un taller para ayudar a los chicos a cambiar de actitud frente a las tareas escolares. Los profesores se entregaban de lleno, pero se exasperaban ante la actitud negativa que mostraban los chicos. Tanto los que eran indígenas, como los que no, a menudo se saltaban las clases, o se negaban a formar parte de la clase, y de las actividades escolares. Si bien las chicas parecían encontrar una manera de aceptarlo y tomárselo en serio, sobre todo en los dos últimos años de escuela, los chicos simplemente pasaban de todo. Los profesores estaban preocupados de que dejaran el colegio, sin buenas notas, y sin futuro.

Después de mantener varias conversaciones con el profesorado, se comenzó a realizar un taller «solo para hombres» para los alumnos de Secundaria. El director y los profesores tuvieron que hacer un gran esfuerzo para elegir a los veinticinco chicos, y, a pesar de que en un principio los alumnos estuvieron de acuerdo, al final no lo aceptaron de tan buen grado. Su lenguaje corporal a la hora de entrar en el aula donde impartiríamos el taller dejaba claro que estaban allí porque los habían obligado. La mayor parte de ellos tenían la capucha puesta casi hasta cubrirles los ojos, mirando hacia el suelo, o tirados sobre las sillas con una mirada desafiante hacia el profesorado que estaba en el aula.

Entre el plantel de hombres sentados frente a los chicos, estaba todo el profesorado masculino de la escuela. Había profesores de inglés, de arte, de ciencias, de educación física, de informática, aunque también había ancianos indígenas, el profesor de comportamiento, el presidente de la asociación de padres, y el bedel de la escuela. Después de una breve introducción por parte del director, yo expliqué las reglas del foro. Primero, haría preguntas a los hombres, y luego, los chicos también tendrían la oportunidad de hacerlas. Todos estuvimos de acuerdo en que la discusión sería confidencial y que nunca saldría de las paredes de aquel aula.

La primera pregunta que les hice a los hombres fue: «habladnos de cuando teníais diecisiete años de edad, ¿qué hacíais?» Cuando los hombres empezaron a describir sus experiencias, vimos que había una impresionante diversidad de papeles desempeñados... Estaba el empollón, el deportista, uno que estaba exento de hacer deportes, un mal estudiante, un huérfano que estudiaba secundaria en un instituto muy lejos de su orfanato, un ex-estudiante, expulsado, y también estaba el estudiante medio. También les pedí a los hombres que describieran su relación con las chicas cuando tenían exactamente la misma edad que aquellos chicos que tenían enfrente. Sus respuestas fueron un abanico de anhelos inalcanzados, amistades sólidas, y amor con romanticismo (y aún sigo casado con esa mujer, treinta años después). También hubo que dijeron haber tenido más de una pareja, o incluso hubo alguno que confesó haber mal actuado en alguna ocasión. Para cuando los hombres terminaron de describirse a sí mismos, la atmósfera en el aula había cambiado. Todos los chicos estaban prestando mucha atención.

Después, se instó a los chicos a hacer cualquier pregunta que se les pasara por la mente, y así podrían escuchar la respuesta. Esto, por supuesto, fue la parte del taller en la que se examinaba el resultado del mismo. El director me había hecho llegar su preocupación respecto a esta idea, temiendo que la actitud negativa de los chicos se viera aún más hinchada con esta oportunidad para avergonzar a los profesores con preguntas de «listillo».

Para minimizar las repercusiones que podría tener la actitud negativa de un grupo de chicos, les pedimos en lugar de hacerlo en voz alta, escribieran sus preguntas en un folio que seguidamente les pasamos a cada uno. Yo, después leería las preguntas de los chicos. He guardado esta lista de preguntas porque para mí son el tipo de preguntas que muchos chicos jamás tendrían la oportunidad de hacer a los hombres que pasan por su vida.

La lista de preguntas es la siguiente:

- ¿Alguno de vosotros sintió la necesidad de rebelarse?
- ¿Si pudieras cambiar una cosa que hayas hecho en el pasado, qué sería?
- ¿Te apoyaban tus padres en tus aficiones e intereses?
- ¿Eres feliz viendo ahora en lo que se ha transformado tu vida?
- ¿Cuál es la situación más difícil a la que te enfrentaste siendo adolescente?
- ¿Qué es lo que más te afecta como adulto?
- ¿Qué es lo mejor que te ha pasado en la vida?
- ¿Cuáles eran tus metas respecto a quien querías ser?
- ¿Qué es lo mejor que has hecho por alguien?

Cuando estas preguntas fueron contestadas, los allí congregados hablaron de lo que habían vivido, de las capacidades de los chicos, y la conversación empezó a abrirse a más temas que los de la escuela, llegando a hablar sobre el futuro y la paternidad.

La experiencia me demostró un par de cosas. Primero, que a la hora de entender el comportamiento de los chicos, es muy importante fijarse en el contexto. Esta conversación, donde los jóvenes se comportaron de manera respetuosa, ávidos por aprender, no era nada parecida a lo que sucedía durante las clases, donde esos mismos chicos no hacían ningún esfuerzo en ocultar su indiferencia al conocimiento que sus profesores les estaban ofreciendo. Este foro era algo inusual en ambiente de la escuela, ya que se trataba de un evento «solo para hombres» específicamente dispuesto como un lugar seguro para que el grupo pudiera contar sus historias personales de manera confortable. Viéndolo desde el punto de vista del contexto, no sorprende que en este foro los chicos participaran de una manera contenida, prefiriendo recabar la experiencia de los mayores escuchándolos con interés y respeto. Además, cuando los hombres contestaban mis preguntas, quedaba claro que aquella era una discusión muy inusual. Suele haber pocas oportunidades en las que se dé la posibilidad de que los jóvenes puedan aprender de la experiencia de hombres maduros y con más bagaje.

Como padres, todos los descubrimientos, y aprendizaje procedentes de los errores que cometemos, nos los guardamos para nosotros. La carencia de situaciones adaptables, o de medios por los que pasar el conocimiento sobre la manera en la que los hombres ejercen su paternidad, sugiere que esto no se trata de algo que la sociedad vea como algo demasiado valioso.

Volveremos al problema de valorar a los padres en el siguiente capítulo; pero primero, veamos otros «campos» dentro de los aspectos del papel de padre: luchar contra la obesidad infantil, y evitar la «Generación entre algodones».

EL PAPEL DEL PADRE COMO HOMBRE DE ACCIÓN

Como vimos en el capítulo cuatro, jugar a «las peleitas» con tus hijos pequeños implica cierta predisposición al riesgo de que te salten encima, y en niños ya más mayores, a recibir un moratón si es que quieres disfrutar la experiencia del contacto físico, de estirar los músculos, y del pelear en broma.

Los padres no piensan en los riesgos que puede entrañar este tipo de juegos, ni tampoco en todas las cosas positivas que que provocarán en el niño, sino que, simplemente juegan, si bien muchos padres tomarán precauciones, tales como limpiar el sitio de mobiliario, limitar el número de golpes, controlar la velocidad del ataque... Su deseo de verse involucrados muestra que, desde la perspectiva del padre, los beneficios de una actividad física vigorosa supera al miedo a los riesgos. Los padres también alientan a que se tomen riesgos en muchos lugares del exterior de la casa, y a menudo, esto dará como resultado que se le vea como la figura a seguir, como ejemplo a la hora de realizar cualquier actividad física.

Sin embargo, de lo que tal vez los padres no se den cuenta es que los beneficios de alentar la actividad física como forma de vida son muy importantes, no solo ya para alimentar la confianza física y el desarrollo mental, sino también por sus efectos básicos sobre la salud del niño, e incluso su supervivencia.

En toda la civilización occidental, los niños han empezado a padecer de sobrepeso y obesidad a un ritmo alarmante.[76] En los Estados Unidos, el porcentaje de niños con sobrepeso se ha incrementado desde los años 80, y ahora, uno de cada tres tiene un peso excesivo, que no corresponde a su edad. Otros países también están viviendo este mismo aumento. La media en Europa es de uno cada cuatro niños, y en Australia, las cantidades también son parecidas.

La obesidad no es simplemente una cuestión de apariencia.[77] Si bien los niños con sobrepeso suelen tener dificultades a la hora de unirse a actividades físicas, sociales y académicas, también están destinados a padecer de diabetes, asma, enfermedades del hígado, y una esperanza de vida más corta. Las consecuencias podrían preocupar a cualquier padre. Tratar la obesidad infantil exige actuar en dos frentes. El primero, reducir el consumo de grasas y azúcares, y el segundo, aumentar la actividad física. Los padres tienen un papel muy importante en ambos casos. Los niños necesitarán de la ayuda de sus padres, así como de sus madres, para poder controlar sus opciones alimenticias. Son bombardeados constantemente con ingeniosos anuncios de comida excesivamente grasa. Los padres en especial tendrán un papel muy importante a la hora de no poner al niño «entre algodones», para que no se quede pasmado frente a una pantalla, en lugar de explorar y salir al mundo exterior.

Los padres también cuentan cuando la familia aumenta de peso

Puede que, ante el temor de la obesidad infantil, te sientas tentado a reaccionar reflexionando: «por Dios, los científicos tienen razón, alguien tendría que hablar con mi esposa, ya que es ella la que prepara la comida, y la que hace la lista del supermercado. Ella es la que sabe de calorías y dietas». Pensar de esta manera sería un error. Puede que, hace algún tiempo, pensar así fuese lo correcto, antes de que sufriéramos esta epidemia de sobrepeso infantil, y antes de que las investigaciones realizadas mostraran cuan importante es la influencia de los padres en los hábitos alimenticios de sus hijos. Por ejemplo, los investigadores que condujeron los programas de pérdida de peso en familia, se dieron cuenta de que si bien las madres siempre intentan que la familia coma más verduras, son casi siempre los padres los que lideran la resistencia contra ellas. Cuando la comida está servida, los padres normalmente tienen menos verde en su plato, o incluso solo, patatas y carne, enviándoles un mensaje claro y conciso a los niños, en el que se da a entender que la verdura es opcional (lanzando directamente el famoso dicho de «Lo verde para las vacas»).

Los padres son figuras muy importantes para los hijos. Los más pequeños puede que digan: «¡papá mira, papá mira!», pero en realidad son ellos los que te están mirando a ti. Como su progenitor, eres la persona más importante que tienen a su alrededor, así que, como es normal, copiarán todo lo que vean y oigan. Si te cuidas, si te preocupas de tu peso, les estarás impartiendo una importante lección. No son únicamente los niños los que van ganando cada vez más peso a medida que pasan los años. Los padres, normalmente, dejan de practicar deporte cuando empiezan a formar una familia. La presión del trabajo y las obligaciones familiares, a menudo pueden absorber las actividades físicas que los hombres suelen realizar en el exterior como modo de entretenimiento durante su tiempo libre. Los padres con bebés o niños pequeños, inevitablemente, pasarán más tiempo moviéndose de manera lenta y pausada, y menos, practicando algún deporte.

Obviamente, lo que tú ya sepas también cuenta. Los padres están acostumbrados a poner el límite en el precio de las cosas que pueden comprar. Ponérselo también al número de calorías diarias que se ingieren también es importante, y ayuda si tienes algo de idea en el asunto. Si tu hijo quiere comerse una hamburguesa con queso (285 calorías), la influencia de los anuncios, y la pregunta de: «¿quieres que además le ponga patatas fritas?» lo incentivará, aún más, a comérsela. En este caso, por ejemplo, es útil que sepas que esas patatas aumentarán las calorías de esa comida en 350 unidades (más las que ya de por sí tiene la hamburguesa, que se supone que es el plato principal), y si encima le añades a todo eso un batido de vainilla, serán otras 360 calorías más que le añadirás al plato. Lo que empezó como un plato de menos de 300 calorías, ha superado ya las 1000.

Mantente activo

Si bien, aumentar las comidas grasas es un factor, también los cambios en los niveles de actividad para niños de todas las edades, como pueden ser la disminución del andar y el correr, y estar más tiempo sentado y viendo la televisión, o frente al ordenador, han contribuido directamente en el aumento del sobrepeso y la obesidad. En el Reino Unido, por ejemplo, el número de niños que van andando a la escuela ha bajado de un 80% a tan sólo un 9% en los últimos veinte años, y en lo que respecta a los niños que van en bici, el número de niños a los que se les permite este medio de transporte ha descendido de 2/3 a 1/4.[78]

Los niños australianos puede que incluso estén en una situación peor. En una comparativa con los que cursan Primaría en América o en Suiza, tan solo un 5% de los niños australianos va caminando o en bici a la escuela, en comparación con el 50% de los niños americanos, o el 80% de los niños suizos.

En los espacios públicos para niños se están empezando a prohibir o restringir los juegos que impliquen actividades físicas intensas, en nombre de la seguridad. Nuestros hijos corren el peligro de pasar «entre algodones» la mayor parte de su niñez, y no solo en casa, sino también en los espacios públicos y de recreo.

Los hematomas y las rozaduras son parte de la vida

Ya en los primeros años de vida, existe una gran diferencia entre la manera en que los niños y las niñas empiezan a explorar el mundo, y a lidiar con las consecuencias. En el capítulo tres, quedaron claras las diferencias existentes desde su nacimiento, entre el cerebro masculino y el femenino. Gracias a la mezcla de genética y expectaciones sociales, los niños son mucho más propensos que las niñas a realizar cosas y maniobras arriesgadas, ya sea subiéndose a muebles, árboles, verjas, etc. Igualmente, optan más que las niñas por juegos que entablen alguna actividad física con otros niños. Los chicos en edad escolar siempre elegirán los deportes más arriesgados, aprovechando cualquier oportunidad de poner a prueba su habilidad con el monopatín, las bicis de montaña, las motos y los coches. Como resultado de este «estilo de vida», los niños serán más propensos que las niñas a sufrir cortes, rozaduras, quemaduras, y roturas de huesos, Pero mientras tanto, los niños también ganarán algo de experiencia respecto a heridas menores, que no limitarán su futuro, y que, naturalmente, les otorgarán cierto grado de competencia física, así como bastante confianza es sí mismos. A la edad adulta, estos mismos niños trabajarán teniendo responsabilidades dentro de la construcción, el ejército, el transporte o la agricultura, donde los hombres siempre predominan, y donde se requiere cierto tipo de resistencia. Dentro de estos trabajos, al igual que en los deportes de contacto, sería muy improductivo dejar de hacer lo que estás haciendo a cada golpe o arañazo que recibieras, así que siempre es conveniente tener cierto nivel de tolerancia al dolor físico o a la incomodidad.

Los hombres siempre son más propensos a practicar algún deporte extremo, lo que garantiza sufrir alguna herida de vez en cuando.

Así, mientras nos esforzamos por evitar cualquier herida grave, no podemos huir, y no deberías intentarlo, de las posibles heridas menores. Esta idea puede que suene un tanto radical, puede que incluso insensible, pero es totalmente lógica. Si intentamos evitar cualquier tipo de herida o contusión, terminaremos por crear una sociedad que reprimirá a nuestros hijos, y que evitará que puedan crecer aprendiendo todo lo que el mundo ofrece a través de la práctica.

La experiencia recabada por los hombres a través de las pequeñas contusiones y heridas puede causar un importante efecto positivo a la hora de ejercer su paternidad. Para cuando los hombres alcanzan la edad de ser padres, han acumulado el suficiente grado de experiencia, y su valoración de los riesgos y las heridas físicas, en muchos casos, no es compartida por sus esposas o compañeras. La poderosa mezcla de la testosterona con la sociabilidad masculina, asegura que los padres serán más propensos a aceptar que esos golpes, cortes y arañazos son parte de la vida. Los padres, estarán menos ansiosos que las madres ante la posibilidad de que alguien salga herido, y que el personal femenino de los servicios infantiles. Los supervisores de asuntos sociales, por ejemplo, ven que los padres son más propensos que las madres a ver las heridas recibidas como algo importante para el niño, algo que lo «endurecerá» mentalmente y físicamente, y que le enseñará a ser más cuidadoso.[79] Así que, no es nada sorprendente oír a las madres advirtiendo a sus pequeños que tengan cuidado cuando ven que estos intentan subirse a algún sitio, mientras que los padres dicen: «apóyate con el pie ahí»; a la vez que piensan: «¡ese es mi hijo!».

Los padres también tienen una actitud mucho más favorable ante la multitud de riesgos que implica el mundo exterior, por ejemplo, el temor a las arañas, el miedo más común en la sociedad occidental, que afecta al 50% de las madres, pero a menos del 20% de los padres.[80]

Tan seguro como sea necesario

Lo que sí se ha hecho evidente es que los chicos y las chicas en la actualidad, suelen aprender la perspectiva que sus padres tienen respecto a la toma de riesgos. No hay que despreciar el consejo de las madres, pero la epidemia de obesidad infantil es en sí un hecho, y los espacios públicos y las asociaciones juveniles están para fomentar las habilidades que todos los niños necesitan desarrollar. Los progenitores deben tener un poco de manga ancha y permitir que los niños puedan tomar ciertos riesgos, en lugar de evitarlos a toda costa.

El director general de la *Sociedad Inglesa para la Prevención de Accidentes* dijo: «una rodilla raspada o un tobillo torcido dentro de un entorno de juego y entretenimiento no solo es aceptable, sino necesario para educar a nuestro hijo, y prepararlo para este mundo tan complejo y peligroso».[81] Como sugiere este comentario, hay una gran diferencia entre hacer que el mundo sea «lo más seguro posible», y hacerlo «tan seguro como sea necesario». Si queremos que nuestros hijos tengan el coraje suficiente para afrontar riesgos, y que aprendan a juzgar por sí mismos el nivel de peligrosidad de las situaciones con las que se encuentren, no podemos reprimirlos siempre y pretender que los espacios de juego sean 100% seguros, lo que no solo los hará completamente aburridos, sino que también serían inefectivos a la hora de inculcarles a nuestros hijos importantes lecciones.

Desde la perspectiva de un padre capaz de percibir los valores que trae la toma de riesgos, se puede ayudar a restaurar el equilibrio del enfoque «la seguridad ante todo», basado en el miedo y la sobreprotección al bebé. Esto puede significar que los padres deben tomar riesgos también. Tal vez, no riesgos físicos, sino más bien sociales, a la hora de aventurarse en nuevos caminos.

El proceder más usual de las familias con bebés e hijos pequeños es que la madre vigile a los niños en las actividades realizadas fuera del hogar. Sin embargo, si la tendencia del niño es el sedentarismo, no hacer nada y tomar peso, es tarea del padre involucrarse más en los problemas del hijo. Esto puede realizarse empleando parte del tiempo disponible en hablar con el profesorado cuando vayas a recoger al niño. El padre puede provocar un cambio en esos miedos que los niños se encuentran en muchos aspectos de su vida. Tan solo con preguntar la importancia que actividades como correr, saltar y jugar a perseguir tienen en su enseñanza, puede ser suficiente para provocar el inicio de un cambio. Como cualquier adulto masculino que haya pasado algún tiempo con un grupo de niños con edades comprendidas entre los dos y los tres años sabrá, simplemente el hecho de ser un hombre te puede hacer muy popular e interesante. Pasar algo de tiempo extra con tu hijo y sus amigos puede convertirse en la parte más entretenida y divertida del día.

CONCLUSIONES

» Intentar imaginar que es lo que está pensando tu bebé o tu niño cuando pasas un rato con él es la clave para realizar un vínculo fuerte, y hace más interesante la paternidad.

» El llanto del bebé es su manera de decirte cosas que tú necesitas saber. Los padres pueden inventar nuevas maneras de calmar al niño, pero necesitan un plan de seguridad si la cosa se convierte en algo exagerado. Zarandear a tu hijo puede ser algo de lo que te arrepientas durante el resto de tu vida.

» Para los niños de cualquier edad, la meta del padre es siempre la misma. Formar un vínculo en el que se sientan seguros dentro de la relación que mantienen contigo, les anima a explorar el mundo.

» Tus reacciones mientras que la madre se preocupa por el niño (y sus reacciones mientras eres tú el que se ocupa de él) marcan una diferencia en el desarrollo de tu bebé. La cooperación, con calidez y humor, entre vosotros dos, es la manera ideal de avanzar.

» Tu bebé también necesita de tu dedicación a la hora de amamantarlo. Si esto no es posible, tu bebé y su madre necesitarán de tu ayuda con el biberón.

» Si tu pareja se siente deprimida, tendrás un doble papel: apoyarla a ella y también al bebé.

» En muchas situaciones difíciles, charlar con otros padres con más experiencia será la cosa que tendrás más a mano.

» Para los padres más jóvenes, tú eres el experto en crecimiento y paternidad. Haz un esfuerzo por escuchar realmente a los otros padres.

» Los progenitores influyen en cómo sus hijos comen y realizan ejercicio, desempeñando un papel vital, dado el brote de obesidad infantil que existe en la actualidad.

» Los papás deben animar a sus hijos a que exploren el mundo, incluso si eso significa recibir hematomas y raspaduras.

» El enfoque paterno en cuanto a la toma de riesgos es una necesidad, en un mundo dominado por el temor a las heridas y a la incomodidad.

Capítulo 6

EL VALOR DE LOS PADRES

Un asunto siempre presente en las conversaciones con los padres es su sorpresa ante la sinceridad demostrada por sus hijos a la hora de querer estar con ellos, saber de ellos, y en definitiva, estar cerca de ellos. Los padres de bebés recién nacidos no esperan ver a sus pequeños intentando iniciar conexiones con ellos, y mucho menos, verlos esforzarse por mantenerlos dentro de su campo visual, o incluso, intentando mantener «conversaciones».

Los padres de los niños preescolares quedan totalmente sorprendidos al ver lo contentos que se ponen sus hijos al comprobar como su papá se involucra en su entorno, o al ver lo orgullosos que muestran esos dibujos que casi siempre llevan por título *Este es mi padre*. Cuando a uno de estos niños se les dice que pinten «algo que aún no hayan hecho con su padre aún», se les ocurren mil y una cosas de inmediato (la idea de ilustrar alguna actividad que aún no hayan hecho no es tan rara como parece, los niños captan rápidamente la idea de dibujar algo con lo que sueñan poder hacer, como por ejemplo, el esquí acuático).

Al exponer los dibujos en la escuela, a la que casi todos los padres acudieron para ver cual había sido la elección de su hijo, muchos de ellos expresaron su sorpresa al ver lo ansiosos que estaban sus niños de hacer «algo con papá». Incluso los adolescentes con los que he trabajado han sorprendido a sus padres al ver su deseo de ver a sus progenitores involucrados en algo de la escuela. No quieren ver a sus padres como simples supervisores de su comportamiento, lo que quieren es verlos haciendo algo con ellos en algún proyecto conjunto, como pueden ser las olimpiadas de matemáticas, el gimnasio, la ayuda en las horas de lectura, o en el cultivo del jardín de la escuela.

LOS PADRES COMO BUFONES SIN PRESENCIA

Cuando las familias perfectas que aparecen en las comedias americanas de la televisión de los cincuenta, los sesenta, los setenta, ochenta y noventa son analizadas, el papel del padre siempre queda relegado a un puesto poco respetuoso, y más bien bufonesco. La proporción en la que el padre es el blanco de los chistes, se multiplica por dos a lo largo de ese periodo.[82]

La manera en la que los padres son retratados en cada episodio, va codificada según una escala en la que adjetivos como «sabio» y «atontado», «inteligente» e «idiota», «responsable» e «irresponsable», «serio» y «bufón», «competente» e «inepto», «maduro» e «infantil» van a la par, quedando una imagen general en la que los padres han ido pasando de manera lenta pero segura de la versión positiva de los 50, en la que se mostraba al padre sabio, racional y capaz, a la representación bufonesca de los años 90.

Una de las series de televisión más famosa, *Los Simpsons*, nos muestra a una familia disfuncional, y a un padre que es estúpido, haragán, egoísta y carente de toda educación, capaz de vender su alma por un *donut*. Los defensores de *Los Simpsons*, apuntan a que, Homer, a pesar de todos sus fallos, es devoto de su familia, y continuamente intenta ser un mejor padre. Sin embargo, a la mayoría de los padres que conozco, les gustaría ser tan competentes como amantes de su familia, sin conformarse con «intentar» ser un buen padre, para quedarse luego bastante corto. Tienen el deseo ferviente de SER un buen padre.

Los programas de entretenimiento que gozan de cierta fama son un escaparate más del papel del padre. Otro, podrían ser los libros para niños. Cuando le lees a tu hijo un cuento ilustrado, le estarás pasando un mensaje claro respecto a cómo se espera que tienen que ser los padres (si has visitado cualquiera de las páginas web que tratan sobre la paternidad, sabrás que puedes empezar a leerle a tu hijo tan pronto como lo creas conveniente, señalándole las ilustraciones, y leyendo en voz alta).

Analizando en busca de estereotipos hasta doscientos libros ilustrados para niños, los investigadores comprobaron que tan solo en el 50% aparecía la figura paterna. En los libros ilustrados, los padres no abrazan, besan, hablan o tan siquiera tocan a sus hijos tan a menudo como lo hacen las madres. Los investigadores resolvieron entonces que, de acuerdo con los libros más famosos, los padres son tan inefectivos en su labor, que son invisibles ante los ojos de sus hijos. El popular

¿Eres mi mamá? de P.D Eastman, por ejemplo, nos cuenta cómo un parajito va en busca de su mamá (la cual abandonó el nido antes de que él saliera del huevo). La idea de buscar igualmente a su padre, ni se vislumbra en el libro.

La idea predominante es que el padre tan solo es importante a la hora de ayudar. Seguidamente, describiré una dramática experiencia que yo mismo sufrí.

LOS PADRES INVISIBLES

Un día, se me pidió que acudiera a un hospital, para mantener una charla con una matrona a fin de intentar formar un grupo de padres cuyas esposas hubiesen caído en una depresión post-parto. De hecho, ya existía un grupo de madres con depresión post-parto, y fue por este grupo por el que las matronas se empezaron a preguntar si también sería necesario tener un grupo de padres. El grupo de madres funcionaba perfectamente, estando la matrona especialmente orgullosa de la reacción del grupo frente a un accidente sufrido por uno de los bebés de aquellas madres. Estando ella en casa, había dejado al bebé al cuidado del padre mientras ella echaba una siesta. El padre estaba bañando al niño, y abandonó brevemente el baño para ir a contestar al teléfono. Cuando volvió, el bebé se había ahogado.

La matrona explicó lo importante que era el hecho de que las madres estuvieran allí junto a esa otra madre en aquel horrible trago. En aquel terrible trance, todas habían conseguido apartar por un momento sus pesares, para ofrecer todo su apoyo a la desdichada madre.

Tras la descripción de las acciones de estas heroicas mujeres aunando esfuerzos para ayudar a una madre en crisis, se hizo un breve silencio, para que luego, yo mismo preguntara:

«¿y el padre? ¿qué pasó con el padre?» La matrona frunció el ceño, para luego decir: «oh, ¿el padre? No tengo ni idea de lo que pasó con él».

Yo me quedé totalmente sorprendido por su respuesta. La terrible culpa que aquel padre debió sentir tras aquel terrible suceso debería ser tan sobrecogedora como para siquiera pensar en ella. Sin embargo, la respuesta de la matrona no estaba, para nada, basada en el malestar del padre.

La matrona, quien hasta aquel momento no había pensado en la situación desde el punto de vista del padre, había concertado aquella cita conmigo porque le preocupaba tener más problemas con los progenitores. No es que fuese alguien que pasase por alto la importancia de los padres; pero en el contexto de aquella sala de maternidad, los padres eran invisibles, y lo que hacían o sentían tan solo era relevante si ello afectaba a su trabajo hospitalario, que no era otro que hacer que la madre y el bebé estuvieran en buen estado.

HORROR EN TASMANIA

A mediados de los 90, recibí el encargo de impartir una serie de charlas en Tasmania, sobre los chicos y su crecimiento. En el transcurso de estas ponencias se me pidió que hablara sobre la manera en que los psicólogos entablan contacto con los chicos, y cómo los motivan. Los médicos de familia normalmente quieren saber cómo implicar a los niños en lo referente a su salud, al igual que los maestros de escuela, que quieren que los chicos se involucren más en los estudios, especialmente, en temas como Literatura, donde se necesita utilizar más la memoria. Por otro lado, algo que todo el mundo quiere saber es cómo hacer que los chicos hablen de sus sentimientos. En la actualidad, para los profesionales, este siempre es un tema candente.

Había hecho la reserva del viaje a Tasmania con meses de anticipación. La noche en la que viajé, un domingo de abril de 1996, tomé el último vuelo desde Melbourne a un aeropuerto al norte de la isla.

Era un avión pequeño, y en el último momento, vi al mozo de pista colocando dos cámaras de televisión en el departamento de equipajes. Cuando aterrizamos, me enteré que 35 personas habían fallecido y 21 habían resultado heridas en una masacre que se había producido aquel mismo día en Port Arthur, una antigua colonia penal al sur del país. Mis charlas se iban a dar al norte de la isla, y si bien, no había ninguna conexión directa entre la masacre y mis quehaceres, todos nos quedamos bastante impactados, y toda nuestra atención quedó retenida en el minuto a minuto de la noticia.

El martes, estuve con el claustro de una escuela regional de Primaria. La escuela había solicitado que impartiera una charla, pues todos estaban frustrados por la falta de entrega de los alumnos, y los pésimos resultados de los exámenes. Mientras estaba esperando en secretaría, un profesor de quinto me invitó a que fuera con él a su aula:

—Ayer les pedí que por la noche vieran las noticias, y que hoy a la vuelta, me contaran lo que habían visto. Creo que sus respuestas le sorprenderán —me dijo.

En el aula, tanto los chicos como las chicas estaban ansiosos por comentar lo que habían visto, y rápidamente, hicieron todo un decálogo de las matanzas que se habían producido últimamente. Hacía tan solo un mes dieciséis niños habían muerto en Escocia en otra masacre, pero igualmente, en esta lista también se incluyeron tiroteos que se habían producido incluso en la década anterior. Aquellos niños tenían unos conocimientos enciclopédicos de las masacres, las armas utilizadas, y el número de cadáveres encontrados. Después de un rato, el profesor dio fin al debate, y dijo:

–Ahora, os voy a hacer una pregunta a todos vosotros... ¿Quién ha sido el causante de todo esto? ¿Quién fue el culpable de los tiroteos?

Al principio, se hizo un silencio lleno de perplejidad, pero finalmente, una chica levantó su mano.

–Un hombre. El culpable siempre es un hombre.

Nadie habló durante un buen rato, pero en ese silencio, la reacción de los chicos y las chicas fue totalmente diferente. Las chicas estaban pensativas, como si estuvieran meditando la idea, preguntándose si aquello sería verdad, y cuales serían las implicaciones. Los chicos, todos y cada uno de ellos, estaban totalmente retraídos en sus sillas. Ninguno parecía distraído, o mirando por la ventana. Tenían las cabezas agachadas, y parecían de menor tamaño. Al poco tiempo, el profesor les pidió que sacaran sus libros de texto, continuando con la clase del día anterior de manera rutinaria.

Mensajes negativos sobre hombres y padres de familia

Todos sabemos que tenemos una sobresaturación de noticias en los medios informativos, particularmente, sobre esos sucesos que tienen cierto impacto. La caída de los muros de la prisión, y el alto número de víctimas, hizo de la historia de *Port Arthur* algo irresistible para la televisión, pero tan solo es un ejemplo extremo de cómo el comportamiento negativo de los hombres era retransmitido diariamente en todos los medios de comunicación. Mientras que estos mismos medios, tienen un importantísimo papel a la hora de sacar a la luz la corrupción, el delito y demás, el énfasis puesto sobre los malos actos masculinos puede crear la idea de que los hombres, por naturaleza, son peligrosos y dignos de desconfianza. En el caso de *Port Arthur*, por ejemplo, muchos hombres del café donde se produjo el tiroteo, hicieron de escudo para proteger a sus esposas, y como resultado de tal acción, algunos murieron. La retransmisión de la noticia no pasó por alto estas heróicas acciones, pero como siempre, el personaje central era un hombre, incuestionablemente violento, y con una pistola.

El efecto global de cómo los medios de comunicación retratan a hombres y padres de familia, queda claramente expuesto cuando se comparan todas las historias de esta índole que llegan a las rotativas y a los medios electrónicos en un periodo de tiempo determinado. Los resultados dan que pensar. Cuando en el año 2003, un importante grupo mediático analizó 1558 artículos de periódicos y revistas, y 231 reportajes televisivos, más del 75% del contenido retrataba a los hombres de cuatro maneras diferentes: como villanos, como agresores, como pervertidos o como mujeriegos.[84]

La forma de cubrir las noticias, incluyendo a agencias como *Reuters* y periódicos como el *Telegraph* y el *New York Times*, así como programas de televisión del tipo del *Show de Ophrah* y *60 Minutos*, retrataban al hombre como violento y peligroso. Los «buenos padres» tan solo salían en el 5% de las historias, mientras que la imagen del hombre como alguien «protector» solamente aparecía en un 3% de las noticias.

EL VALOR DEL PADRE, UNA REUNIÓN REVELADORA

Durante casi veinte años he estado viajando a comunidades tanto rurales como urbanas para impartir charlas a grupos de padres, trabajadores y profesionales, sobre cómo educar a los hijos, y cuál es el papel del padre a la hora de criar saludablemente a los niños. Como parte de estas charlas he confeccionado una lista de las cinco preguntas que los asistentes a las ponencias deben contestarme en público. Normalmente, pido cuatro o cinco voluntarios de entre los presentes para que se levanten y se sienten junto a mí, frente a la audiencia. Después de unos momentos de nerviosismo, suben a la tarima y se sientan formando un grupo, delante de todo el público. Ya que estos hombres suelen ser del mismo pueblo donde se imparte la charla, todo el mundo se entusiasma mucho con la iniciativa, suelo tener que pedir a los presentes que escuchen las preguntas que les voy a hacer a los hombres sin interrumpirles, y sobre todo, pido que resistan la tentación de lanzar comentarios jocosos. Mis preguntas son siempre las mismas, esté donde esté impartiendo la charla. Se las he hecho a granjeros, policías, doctores, desempleados, áraboparlantes, profesores, mecánicos, aborígenes, burócratas, camioneros, corredores de bolsa, etc. Actualmente, después de todo este tiempo, habré escuchado las respuestas de unos 1000 hombres, la mayoría de ellos, padres.

Mejor que ofrecer un resumen de lo que han contestado estas 1000 personas, lo que voy a hacer es otorgarte a ti la oportunidad de contestar a estas mismas preguntas. Piensa en lo que contestarías si te hubieras presentado voluntario para responder a este cuestionario frente a un montón de padres de tu barrio.

Este es el cuestionario:

1. ¿Qué crees que es lo mejor de ser un hombre?
2. ¿Qué es lo más difícil, si hay algo, de ser un hombre en este periodo actual de la historia?

3. ¿Podrías nombrarme a un hombre al que admires? ¿Quién es, y por qué lo admiras?
4. ¿Podrías enumerarnos qué cualidades tienes como progenitor masculino, que puedan considerarse como un buen modelo a seguir para los chicos?
5. ¿Podrías decir a qué edad, y cómo, dejaste de ser un chico para convertirte en un hombre?

Las respuestas

1. La primera reacción a esta pregunta (recuerda, el hombre se ha presentado voluntario no sabe lo que le voy a preguntar), es el silencio. Cuando hago esta pregunta, en todos los grupos siempre se hace una pausa. Ninguno a quien se la haya hecho me ha contestado en plan: «Oh, la pregunta del millón... ¿Lo mejor de ser hombre? Fácil, es...» En cada charla, aparece la duda, a menudo acompañada de sonrisas e incluso risas (también entre el público), al oír la pregunta. Tras una pausa, normalmente la primera respuesta tiene que ver con las diferencias físicas entre el hombre y la mujer: «ser capaz de hacer lo que quieras, practicar deportes de contacto, levantar pesos... e incluso no parir». Otro comentario usual es: «Como nunca he sido mujer, no puedo saberlo». Las ventajas para el hombre en campos como el empleo, los deportes, la seguridad, son también citadas. Y por supuesto, la paternidad: «Ser papá» es para muchos hombres lo más grande.
2. Las respuestas a la segunda pregunta suelen ser bastante coherentes. Los cambios en el papel que desempeña el hombre han variado mucho en las últimas

décadas, lo que quiere decir que cómo ser un verdadero hombre, ha dejado de ser una cosa tan clara. Las antiguas expectativas puestas en los padres han quedado totalmente ampliadas en la actualidad. En el pasado, los hombres que salían a la tarima solían decir que ya era suficiente con mantenerse sobrio, no pegarle a la mujer, y traer el pan a casa como un buen padre de familia. Hoy en día, sin embargo, la comunidad espera que los padres hagan todo lo que una madre hacía ya de por sí tradicionalmente, y al mismo tiempo, se espera también de ellos que sean protectores, y que aporten un apoyo económico a la familia. Como parte de este cambio, los hombres que ahora subían a la tarima contestaban que no estaban seguros de cómo deberían reaccionar los otros hombres a la hora de hablar con ellos sobre los avatares y problemas existentes en su familia, por ejemplo.

3. Para algunos padres, esta era una de las preguntas más difíciles de contestar. Algunos dicen que no hay ningún hombre al que admiren individualmente. Para la amplia mayoría, sin embargo, la pregunta no es difícil de contestar: el hombre al que más admiran suele ser su padre, o alguna figura paternal. Esta respuesta suele ser una gran sorpresa para parte del público, ya que esperan que como hombres elijan a alguna estrella del deporte como héroe, pero esto muy pocas veces pasa. El siguiente candidato más común, después de su padre, suelen ser figuras internacionales como Nelson Mandela o Gandhi. Cuando contestan a la segunda parte de la pregunta, el por qué admiran a ese hombre, la respuesta siempre describe actos o

comportamientos de entrega absoluta. Si el hombre al que admiran es su padre, la razón de la admiración profesada es por sus sacrificios hacia su familia, por su férrea moral en hacer lo mejor por sus hijos, o por la manera en la que «siempre podíamos contar con él». Cuando preguntaba en las escuelas de las zonas rurales, en los colegios urbanos o en los centros provinciales, las respuestas siempre eran muy parecidas: los padres, o los parientes de mayor edad, ganaban a los famosos ampliamente.

En una ocasión hablé de este tema sobre el desarrollo de los chicos a un grupo de profesionales del ramo y, poco después, a un grupo de trabajadores de una central eléctrica cercana. Lo que más me sorprendió fue cuán parecidos eran los dos grupos a la hora de describir las cualidades del padre modélico. Finalmente, resolví que cuando los hombres piensan y se expresan sobre este tema, terminan viendo la importancia que tiene su comportamiento frente a los niños, adolescentes y jóvenes. Los hombres que se ofrecieron voluntarios vieron la diferencia entre ser seguidor de un famoso, y el contacto diario con papeles modélicos en la vida real.

4. Tras algunos comentarios humorísticos acerca de no querer presumir, los hombres suelen identificar una amplia gama de cualidades: la justicia, la capacidad de marcar metas, el ser capaz de reaccionar con calma ante el peligro, hallar el propio camino en lugar de seguir las modas, disponer de tiempo para la familia y los amigos, poder admitir los errores, trabajar duro para la familia y tener aspiraciones y valores

reales. Aunque estos hombres proceden de niveles socioeconómicos muy dispares, sus respuestas suelen expresarse siempre en términos casi idénticos.

5. Antes de que nadie conteste a esta pregunta, suelen escucharse risitas entre el público, porque la gente siempre se espera que los hombres empiecen a describir sus primeras experiencias sexuales. Sin embargo, cuando los voluntarios empiezan a contestar, las maneras en que los chicos empiezan a reconocerse a sí mismos como hombres dentro de la comunidad (y para ellos mismos) queda bastante clara, y no tiene nada que ver con el descubrimiento de la sexualidad, sino con el inicio de la toma de responsabilidad. Mientras los hombres que han salido a la tarima consideran la pregunta, siempre se hace un breve silencio, al igual que sucedía en la primera pregunta. Sin embargo, es importante reconocer que la pregunta queda completamente comprendida por todos los presentes, y no solo por los voluntarios. Desde que doy charlas, nadie nunca me ha pedido que le explique la pregunta. Todo el mundo comprende que algo muy significativo sucede entre la niñez y la madurez, y a pesar de que no existe ningún certificado de «masculinidad», es una transición muy importante que hay que realizar. Cuando el voluntario comienza a responder, el público siempre se inclina hacia delante y el sonido de pies y los murmullos, desaparece por completo. La gente está siempre ansiosa de escuchar la respuesta de los hombres.

El punto más frecuente que identifican como transición en un individuo masculino adulto, es el nacimiento de su primogénito. Es este suceso el que marca el cambio, y no su primer encuentro con el alcohol, el día en el que se sacó el permiso de conducir, o su primer encuentro sexual. Normalmente, se describe como punto de inflexión entre la niñez y la madurez. Tener a su primogénito, los obliga a darse cuenta que tienen una responsabilidad para con otra persona. Normalmente, describen este cambio de convertirse en padres (algo que a menudo ocurre bastante después de que la sociedad los reconozca como adultos) como un abandono del egoísmo juvenil. El bebé ha sido una «llamada de atención», ahora existen otras personas a las que hay que tener en cuenta.

Si bien, los hombres que han salido y han contestado a las preguntas suelen estar de acuerdo con la idea de que convertirse en hombre es un proceso muy importante que debe producirse antes de experimentar la paternidad; a veces, dan otras respuestas o simplemente afirman con rotundidad que «aún son unos chavales», con muchas cualidades de los jóvenes. Algunos hombres se esfuerzan por recordar el momento en particular de sus vidas en el que se convirtieron en hombres, en lugar de nombrar distintas fases. Estos puntos de inflexión en general también son momentos en los que la responsabilidad aumenta, tales como el dejar la casa o el empezar a trabajar. Para algunos, se han dado situaciones específicas, como unirse a las fuerzas armadas, o ir a la cárcel, situaciones que, claramente, marcan el abandono de la niñez.

Un hombre ya mayor, se levantó durante una sesión en una granja: «recuerdo perfectamente el momento en el que me convertí en un hombre. Cuando me compré mi primer coche, y andaba embalado a 150 kilómetros por hora, un policía se puso a mi lado y me hizo señas para que me detuviera en el arcén. Mientras me pasaba la multa por la ventanilla, me dijo: «bienvenido a la madurez, hijo»».

Una vez, en un instituto, había alrededor de 200 padres que vinieron a oírme hablar sobre los chicos, y como siempre, pedí cuatro voluntarios para que salieran a la tarima. Uno de los voluntarios era africano. Su piel era extremadamente oscura, y su apariencia y acento dejaban clara su procedencia. Cuando le llegó el turno de contestar la última pregunta, dijo: «sé exactamente cuando me convertí en hombre. En mi país, cuando un chico llega a la edad marcada, va a matar a un león, y cuando vuelve con el animal, ya sabe que es un hombre. Sin embargo, en mi región, yo era parte de la familia real, y cuando eres parte de la familia real, no puedes simplemente ir a matar un león que sea viejo, o que esté enfermo. Tienes que matar un león en su plenitud. Así, cuando cobré la pieza, supe que me había convertido en un hombre». La reacción de los que estaban allí reunidos fue muy educada y silenciosa. Casi se podía escuchar a los padres pensando como se enfrentaría su hijo a una prueba de madurez como esa.

CONCLUSIONES

» Según vemos en los programas de televisión, los libros infantiles y las noticias, los padres son incompetentes, invisibles, peligrosos, o irrelevantes para los hijos.

» Muchos hombres admiran y respetan a sus padres por su dedicación para con su familia, por su fuerza moral, y por «estar ahí».

» Los padres quieren que sus hijos perciban en ellos estas cualidades: un sentido de la justicia, la capacidad de ponerse metas, una respuesta calmada ante la presión, y el hecho de desarrollarse como individuos, en lugar de simplemente seguir estereotipos.

» El punto de transición más típico en el camino a la madurez es el nacimiento del primogénito. La responsabilidad y la madurez llegan de la mano.

Capítulo 7

LA EVOLUCIÓN DE LA PATERNIDAD

Un equipo de investigadores me invitó a la planificación de un nuevo proyecto de investigación sobre el crecimiento y desarrollo de los bebés. La idea era medir los depósitos de grasa de los bebés mientras aún estaban en el vientre, y hacerles un seguimiento tras el nacimiento para descubrir si factores como la paternidad afectarían a sus posibilidades de adquirir sobrepeso.

Durante una discusión sobre la medición del impacto de los padres en el desarrollo de sus hijos, un distinguido profesor de medicina me comentó: «¿sabes, Richard?, es posible que, con todo esto de la implicación paternal, estemos llamando a la puerta equivocada. Después de todo, si los padres tuvieran que relacionarse con sus hijos habrían evolucionado de ese modo. No podemos esperar cambiar la naturaleza humana de la noche a la mañana».

183

Afortunadamente, este profesor estaba dispuesto a cambiar su opinión sobre la evolución de la naturaleza humana, e incluimos a los padres en el trazado de la investigación. Lo que expresó, sin embargo, era una idea bastante común tanto entre científicos muy preparados como entre padres «normales»: que la evolución había convertido a los hombres en cazadores y, a las mujeres, en cuidadoras, y que pedir a los padres que se ocuparan de los bebés, no era natural.

Como habrás notado en los capítulos anteriores, el cuerpo masculino es un factor importante a la hora de criar a nuestros hijos. Por lo tanto, el modo en el que nuestro cuerpo, y sobre todo nuestro cerebro, ha evolucionado, es una cuestión importante para los padres. Como el profesor, la mayoría de nosotros, tenemos una imagen mental de nuestros ancestros: «cavernícolas», musculosos y peludos que se pasaban todo el día luchando contra depredadores o cazando animales gigantescos entre los glaciares. De hecho, fue la caza lo que empujó a nuestros cerebros a crecer, pero los primeros humanos también cuidaban los unos de los otros, y engendrar un hijo, incluso en la Edad de Hielo, era algo más que agitar un enorme garrote.

Sin embargo, el descubrimiento más sorprendente de los últimos estudios sobre paternidad y cerebro, trata de cómo la evolución pudo tener lugar rápidamente, en el lapso de una sola generación. Los padres actuales nos beneficiamos de millones de años de desarrollo cerebral. Todos hemos heredado el *hardware* mental que nos permite generar lazos familiares. Pero ahora, también empezamos a ser conscientes de cómo nuestra paternidad puede influir en el modo en el que se comportará la siguiente generación de padres con sus hijos. Es excitante descubrir lo importante, fascinante y gratificante que puede ser la paternidad.

¡LOS «PADRES PINGÜINO» ESTÁN JUSTO AHÍ!

A pocos de nosotros nos gustaría que nuestros esfuerzos paternales fueran comparados con los del pingüino emperador, de la Antártida.[85] Primero, abandona el agua y camina (ya que los pingüinos no pueden volar) hasta cien kilómetros a través del hielo y la nieve para llegar hasta la zona de cría, donde no hay comida ni cobijo. Una vez que la madre ha puesto su único huevo, el macho lo sostiene entre sus pies (para que no se hiele) antes de deslizarlo en una bolsa de piel de su estómago. Luego, mientras la madre vuelve a mar abierto para alimentarse, el padre se queda sosteniendo el huevo durante dos meses, soportando temperaturas bajo cero, mientras es zarandeado por vientos huracanados. Para cuando el huevo eclosiona y la madre regresa, habrá guardado ayuno durante más de ciento cincuenta días, y habrá perdido la mitad de su peso corporal. Si la madre tarda en volver, el macho deberá incluso producir comida de su propio revestimiento estomacal para el recién nacido, a pesar de estar al borde de la inanición.

Podrías pensar que la comparación es injusta porque así es como tienen que comportarse los pingüinos. El pingüino emperador no se merece halagos simplemente porque sacrifique su bienestar por el bien de su polluelo; según su genética, está programado para hacerlo. Los genes de los padres humanos tienen poco que ver con cómo nos relacionamos con nuestros hijos, así que no podemos compararnos con otros animales. La idea de programación y elección es un tema polémico en las ciencias biológicas. Pero, dejando a un lado el tema del control genético, la cuestión del mérito de los animales durante su paternidad trae a colación otro problema: ¿cómo se vio involucrada la paternidad en la escala de la evolución de los pingüinos emperadores? ¿Cómo llegó esta especie de pingüino, el *Aptenodytes forsteri* (llamado así por el naturalista alemán que acompañó al capitán James Cook en su segundo viaje), a evolucionar para estar tan concentrado en sus crías? Después de todo, el deseo básico de ver cada vez más individuos como tú en el planeta, se comprende como un proceso que involucra un antagonismo fundamental entre las estrategias reproductoras masculinas y femeninas. Desde la primera vez que evolucionó nuestra reproducción sexual, lo cual se piensa que tuvo lugar hace ochocientos millones de años, los hombres han estado programados para buscar múltiples compañeras y dejar a las hembras la crianza de los pequeños.[86]

> *Desde los inicios de la reproducción sexual existe una asimetría en la inversión, una diferencia sexual…, un sexo se especializó en competir para conseguir parejas y el otro, en el cuidado de la prole. Esto ocurrió porque había dos grupos distintos de genes, que pasaron a la siguiente generación de distintos modos. Una célula sexual se hizo mayor, con más recursos que la otra. Y de este modo, comenzó la gran división entre los gruesos óvulos cargados de recursos, que ya estaban reuniendo provisiones para la prole, y los delgados y aerodinámicos espermatozoides, que ya competían por esa inversión.*

Cómo evolucionó la paternidad en los pingüinos

Entonces, ¿cómo condujo la evolución de los pingüinos a un cambio de roles tan dramático? Lo que sabemos de la evolución (gracias a Darwin) es que hubo una serie de pequeños cambios en la estructura genética del ADN de los pingüinos emperador que suponía una ventaja para la supervivencia de la especie cuando la temperatura comenzó a caer y la Antártida se heló. En el cambio de clima (que se dilató durante más de un millón de años) este estilo de paternidad propició la aparición de una gran cantidad de jóvenes pingüinos para la siguiente generación, así que los cambios se hicieron fijos. Actualmente, los padres pingüino emperador se ocupan prácticamente de todo el periodo de incubación. Pero no todos los pingüinos adoptaron la misma estrategia de supervivencia: algunos hacen turnos para alimentación y protección de sus crías, mientras otros se dividen las tareas; por ejemplo, los padres se ocupan de mantener a raya a los depredadores mientras las madres incuban. Y, por cierto, aproximadamente el noventa por ciento de las más de nueve mil especies de aves de la tierra comparten el cuidado de sus crías.[87]

LEONES Y LOBOS

Un importante rasgo de los mamíferos (leones, lobos, focas y humanos), es la lactancia. A diferencia de las aves, las madres mamíferas tienen que mantenerse junto a sus crías para proporcionarles la leche necesaria para su desarrollo inicial, por lo que dejar a una foca macho al cuidado de un recién nacido sería fatal para el bebé foca. Pero incluso entre los mamíferos podemos encontrar multitud de tipos de «paternidad». Los lobos, generalmente, tienen fama de feroces y peligrosos depredadores. Un lobo macho, que puede alcanzar una velocidad de sesenta kilómetros por hora (comparada con los treinta y seis kilómetros por hora de un atleta profesional humano) puede ser un formidable cazador, pero habitualmente también es un padre devoto y considerado. Un lobo macho y su pareja, fueron observados mientras criaban a su primera camada de cachorros en el zoológico de San Luis.[88]

> *Durante las primeras dos o tres semanas, la hembra no abandonó la guarida. Fue el padre quien trajo comida tanto para la madre como para los cachorros. Regurgitaba la comida y la distribuía en el suelo, pero ninguno de ellos comía. Aun así, esperaban hasta que las crías hubieran comido antes de alimentarse ellos. Mientras el padre masticaba el tuétano de los huesos para los cachorros cuando ya estaban destetados, estos le tiraban de la cola y de las orejas, cosa que permitía sin protestar.*

Desafortunadamente, nuestros propios perros domésticos, que son descendientes directos de los lobos, parecen haberle perdido el «tranquillo» a la paternidad en su camino hacia la domesticación; no se quedan junto a los cachorros a los que han engendrado. Y hay muchos otros mamíferos, como los leones y los osos, que pueden ser un verdadero peligro para sus cachorros. La cuestión es que hay una enorme variedad de costumbres entre los mamíferos, incluso entre los que están muy cerca genéticamente de los humanos. La evolución no dicta exactamente cómo deben ocuparse los padres y las madres de sus crías; las diferencias en el entorno y los patrones genéticos, han producido especies en las que los padres asumen el cuidado más que las madres, y también especies en las que los padres no tienen ningún papel más allá de la concepción.

Los humanos

Nuestro pasado evolutivo, fijado en nuestros genes, ¿dicta que los padres deben tener un papel en el cuidado de los bebés? ¿O somos principalmente guerreros y cazadores batallando contra otros machos por la supremacía? Los registros fósiles incluyen multitud de evidencias de nuestra naturaleza guerrera. Sin embargo, con la aparición de esqueletos y cráneos mejor conservados, ha emergido una imagen de cómo la paternidad humana evolucionó para incluir el cuidado de nuestros jóvenes, como parte de un paquete de cambios encaminados a mantenerse erguidos, vivir en grupos y tener un poder cerebral mayor.

Las razones por las que desarrollamos un cerebro más grande

Parece que, hace cinco millones de años, nuestros ancestros comenzaron a formar el trazado genético que condujo a los humanos actuales. Los cambios comenzaron en el cuerpo masculino y femenino, diseñándolo para el mayor éxito en la supervivencia de sus vástagos hasta la edad en la que ellos mismos pudieran tener hijos, de modo que sus descendientes pudieran tener también más hijos. Junto a esto, estaba el hecho de mantenerse erguido y correr sobre dos piernas (se acabó el arrastrarse sobre los nudillos), comer más carne, raíces y frutos, y formar grupos sociales que involucraban a los padres en el cuidado de la madre y el infante. Y lo que es más importante, desarrollamos un cerebro más grande y poderoso.

Razones para un cerebro mayor

Para empezar, la caza, tal y como la practican los humanos, exige una mayor habilidad mental que la de los depredadores como los leones o los lobos, y también mayor a la que practican nuestros familiares más cercanos (genéticamente hablando), los chimpancés. Los cazadores humanos no confían en los encuentros casuales, como hacen los lobos, sino que toman numerosas decisiones complejas que exigen un conocimiento de la ecología y del comportamiento animal, y usan la información de los patrones climáticos para construir modelos mentales de las posibles trayectorias y las probabilidades de éxito de una persecución concreta. Debido a que los humanos recorrían grandes zonas al cazar, se vieron obligados a conocer aspectos concretos del entorno y a comprender las características clave de una amplia variedad de lugares. Detallados registros de los grupos de cazadores y recolectores que viven actualmente en América del Sur, por ejemplo, nos han mostrado que los hombres adultos pueden cubrir casi mil kilómetros cuadrados de selva tropical en un año de cacería.[89] Los chimpancés salvajes, en comparación, cubren apenas diez kilómetros cuadrados durante toda su vida.

Pero las habilidades mentales para cazar y obtener nutritivas y energéticas raíces fueron solo uno de los detonantes del desarrollo del cerebro. La compleja organización social, la estructura de los padres y madres en pareja dentro de los grupos (a veces con un único macho y varias hembras), era también muy exigente.[90] Los individuos humanos podían tener una conexión con otros humanos aunque no los vieran durante largos periodos de tiempo, y esto obligaba a su cerebro a retener toda la información social relativa a la apariencia, comportamiento, intenciones (¿os acordáis de las neuronas espejo?) y relaciones con sus familiares y otros humanos. Este tipo de procesamiento de la información necesita altos niveles de cálculo cerebral, y ésta es precisamente la zona del cerebro (el neocórtex) que ha evolucionado para mostrar la mayor diferencia entre los cerebros humanos y los de los monos y simios.

Una mayor capacidad cerebral exige cerebros mayores, y cráneos mayores para protegerlos. Eso presenta una dificultad para los mamíferos bípedos (los que caminamos sobre dos piernas), porque la pelvis femenina permite el paso de un limitado tamaño de cabeza. De modo que, si tenemos que tener cerebros más grandes, con un neocórtex mayor y una capacidad de aprendizaje más amplia, la mayor parte del crecimiento del cerebro tiene que tener lugar después del nacimiento. De todos los mamíferos, los humanos tienen el periodo de desarrollo más largo después del nacimiento. Los niños humanos deben ser protegidos, alimentados y cuidados mucho después de que hayan terminado de mamar; pasan muchos años antes de que puedan contribuir con comida para hacer frente a las necesidades de supervivencia del grupo. La vulnerabilidad de los bebés humanos durante un tiempo tan extenso significa que es necesario un cuidado mucho mayor por parte de los miembros del grupo, incluidos los padres.

Olvídate del hombre de las cavernas

Una de las imágenes más populares de nuestros antepasados remotos es la del «hombre de las cavernas»: hombres peludos que gruñían (si es que se comunicaban de algún modo), que usaban garrotes para luchar contra las bestias y que sacaban a las mujeres de sus cuevas a rastras. Pero aunque es posible que el lenguaje durante la Edad de Hielo fuera primitivo, no hay duda de que nuestros ancestros se comunicaban y formaban redes sociales que no estaban basadas solo en la fuerza. Las pruebas obtenidas en las excavaciones en Europa y África nos muestran que los primeros humanos cuidaban de los individuos enfermos o débiles. El cráneo de un niño de cinco años que mostraba una clara señal de un daño cerebral heredado (es decir, que lo tenía desde el nacimiento) ha sido identificado en una excavación en España.[91] El niño debía haber tenido un aspecto muy diferente, y existe una alta probabilidad de que tuviera retraso físico y mental. Para que este niño llegara a los cinco años de edad, fue necesario que desde su nacimiento tuviese un especial cuidado del resto de miembros del grupo. Otras pruebas demuestran la existencia de hombres y mujeres con brazos rotos o dientes perdidos, que también habrían sido dependientes de otros para sobrevivir. En estos casos, los fósiles indican que el daño tuvo lugar mucho antes de sus muertes. Para que sobrevivieran, alguien debió haberles proporcionado comida blanda, ayuda durante los viajes, y protección y cobijo. Junto a las pruebas de guerras y conflictos también tenemos evidencias de cooperación, relaciones sociales, atención y cuidado de los más pequeños por otros miembros del grupo. Los machos y hembras humanos, evolucionamos como animales sociales que forman complejas relaciones sociales con miembros de su grupo.

Los lazos permanentes de los padres

Aunque todavía tenemos que descubrir muchas cosas sobre cómo evolucionaron los lazos de pareja, y sobre por qué es ventajoso para la supervivencia humana el cuidado de los pequeños durante un extenso periodo de tiempo; el papel de los padres en el cuidado de las familias con niños, no está en duda. Durante al menos un millón de años los padres han modificado todo lo que necesitaban para cuidar de los infantes, bebés, y niños. No se trata de la misma conexión que existe en las madres; pero al final, el objetivo principal es el mismo: criar con éxito a los hijos hasta una edad en la que puedan formar sus propias familias.

ACELERANDO

Las ideas sobre la paternidad han cambiado rápidamente en las últimas décadas: muchos padres reconocen hoy en día que hay un gran salto cualitativo entre el modo en el que están criando a sus hijos y el que recuerdan de su propia infancia. En 1950, el ideal de paternidad era convertirse en el sostén de la familia: el papel del padre era «llevar el pan a casa», y se dejaba a las madres el cuidado de los bebés y de los niños pequeños. Actualmente, sería inusual que un padre afirmara que no tiene intención de acunar o tomar en brazos a su recién nacido, y que, definitivamente, leer un cuento a su hijo de cuatro años no forma parte de su idea de paternidad. Sin embargo, estos cambios son vistos como alteraciones de los acuerdos sociales: aspectos temporales del desarrollo humano que son el resultado de modas pasajeras, y que están, por tanto, en una escala distinta a los cambios evolutivos.

En la idea de Darwin sobre la evolución, el tiempo era necesario para que los cambios casuales en el material genético (ADN), pasaran a la siguiente generación, y después para que esa generación incrementara el número de crías supervivientes. Finalmente, el nuevo código genético pasaba a todos los miembros de la especie. Por ejemplo, fueron necesarios más de cinco millones de años (y cuarenta millones de cambios en nuestro ADN) para evolucionar las diferencias que podemos ver hoy día entre los chimpancés y los humanos. Se necesitaron más de un millón de años para que el *Homo Erectus* (¡llamado así por su postura, no por su apetito sexual!), evolucionara para dar paso al *Homo Sapiens* («humano que sabe») con un incremento del cincuenta por ciento en el tamaño de su cerebro. Sin embargo, los avances en la comprensión de los enlaces entre la genética y nuestro entorno (incluida la paternidad) nos han conducido a replantearnos la rapidez con la que puede tener lugar la evolución.[92]

Un ejemplo de evolución en el lapso de una sola generación

Los cuidados maternos de las ratas son fácilmente medibles si se cuenta cuán a menudo lame una madre a sus crías. Si observamos a un grupo de madres rata, veremos que este comportamiento es variable: algunas madres lamen a sus crías muchas veces, y otras apenas lo hacen. Los investigadores descubrieron que las camadas de las madres que lamían a sus crías a menudo crecían menos temerosas y se enfrentaban mejor a las situaciones de estrés, comparadas con las camadas de las otras; y además, este modo de crianza pasaba a las siguientes generaciones.[93]

El siguiente paso fue tomar crías recién nacidas de uno de los dos tipos de madre y colocarlas para que las criara la madre del tipo contrario, es decir, las crías de las madres que no solían lamerlas, fueron adoptadas por las madres que lamían mucho. Como se esperaba, las hembras que habían heredado cerebros inclinados a lamer poco pero que fueron criadas por madres que las lamían mucho, se convirtieron también en lamedoras cuando tuvieron a sus propias camadas (los padres de rata no toman parte en la cría de las camadas, y en estos experimentos solo se ocuparon de la inseminación).

En las siguientes generaciones, las hijas de estas ratas mostraron el mismo comportamiento: lamían mucho a sus crías. Las zonas del cerebro afectadas por el acto de lamer también fueron identificadas, de modo que el mecanismo para la base genética del comportamiento quedó claro: el hábito de lamer en las madres cambiaba los patrones cerebrales de sus hijas, y este cambio influenciaba a su vez el modo en el que lamían a sus propias crías. Los individuos adultos de estas madres lamedoras también tenían una mejor resistencia al estrés y se mostraban menos temerosos que los adultos que habían sido criados por las otras. El hábito de lamer a las crías (así como los correspondientes beneficios durante la etapa adulta) era «heredado», pero había cambiado en solo una generación.

Desconectando el ADN

Un fragmento extra de información sobre genética y herencia que ha salido a la luz es que, mientras que el material del ADN que forma los genes solo puede cambiarse tras muchos miles de generaciones, muchos fragmentos de ADN pueden ser encendidos o apagados sin cambiar el código genético. Esto puede tener lugar en una única generación. Debido a que ciertos fragmentos del ADN controlan la actividad de otros, si pueden hacerse estos cambios, entonces los comportamientos sobre los que tiene influencia el ADN, también pueden ser alterados. Los «lamidos» que reciben las crías hembra cuando están en el nido, por ejemplo, afectarán al desarrollo de la parte de su cerebro que gobierna su reacción al estrés. Pero esto también efectúa cambios en las partes del ADN que dictan cómo criar a sus propias crías. Las madres lamedoras cambiaron el cerebro de sus hijas para que, cuando crecieran y se convirtieran en madres adultas, lamiesen también a sus propias crías. El material genético de estas ratas no ha cambiado, pero si lo ha hecho el modo en el que sus genes trabajan, y esta alteración puede ser heredada por su prole.

Legando una paternidad positiva

La posibilidad de que los efectos beneficiosos de la paternidad puedan trasmitirse a los hijos y nietos se documentó en un estudio realizado en Estados Unidos sobre los padres, sus hijos, y los hijos de sus hijos. El estudio definió la paternidad positiva como una mezcla de tres factores: disciplina coherente (adecuada a las distintas edades), monitoreo (especialmente cuando los chicos llegaban a la adolescencia), y calidez e involucración.

La paternidad positiva de los padres de la primera generación pronosticaba la paternidad positiva de sus hijos (la segunda generación) cuando se convirtieran en padres, y la paternidad positiva de la segunda generación pronosticaba menos problemas de comportamiento en sus hijos (la tercera generación). Aún no tenemos el mapeado cerebral que nos muestre exactamente cómo puede cambiar este tipo de paternidad los patrones cerebrales de los niños, que después se convertirán en padres. Sin embargo, la prueba de que los progenitores pueden influenciar en la paternidad de sus hijos, sugiere que el cambio cerebral de los hijos de padres positivamente involucrados, es una posibilidad real.

CONCLUSIONES

» Del mismo modo que la paternidad de los pingüinos emperador, de los leones y de los lobos, la paternidad en los humanos ha evolucionado para asegurar la supervivencia de sus crías.

» La adaptación de los humanos a la caza y a la recolección de frutos, significó la necesidad de un cerebro mayor, y también una dependencia más prolongada en nuestros hijos.

» Los padres, desde la Edad de Hielo en adelante, han necesitado las habilidades sociales para comunicarse y crear lazos entre ellos.

» La capacidad de ser un padre que se preocupa por sus hijos pequeños está arraigada en nuestro código genético.

» Una excitante posibilidad, basada en pruebas científicas, es que podemos acelerar la evolución y legar la buena paternidad a nuestros hijos.

Finalizando nuestro
viaje juntos

Este libro comenzó señalando tres puntos que convertían la tarea de ser padre, sobre todo si éste es primerizo, en un viaje de descubrimiento: las nuevas investigaciones cerebrales, el clima basado en el miedo que rodea a los hábitos de juego de los niños, y la pérdida de respeto hacia la paternidad.

Ahora tenemos pruebas no solo de que los padres son importantes para las familias, sino también de los mecanismos concretos a través de los cuales los padres pueden influir en el desarrollo de sus hijos. La explosión en la investigación cerebral nos ha dado, por primera vez, una imagen de cómo el cuidado cariñoso de un padre se traduce en conexiones neuronales en el cerebro de un bebé. Paralelamente a estos avances científicos, hemos visto un redescubrimiento del hecho (obvio) de las diferencias biológicas entre hombres y mujeres. Reconocer estas diferencias proporciona una útil plataforma para animar a los padres y madres a persistir en su intención de formar el mejor equipo posible para criar a su bebé.

La ciencia de los lazos, o de las conexiones emocionales, también proporciona importante información a los padres que desean crear una relación cercana con sus pequeños. La anterior idea de que la tarea de un padre es apoyar a la madre mientras ella se ocupa de la vinculación afectiva, ha sido reemplazada por una comprensión más sofisticada basada en el vínculo padre-niño y madre-niño. Como parte de esta nueva comprensión, nuestra apreciación de la capacidad del infante ha sufrido un cambio fundamental: ahora vemos cómo incluso un recién nacido busca vincularse con el padre tanto como con la madre. Este descubrimiento tiene enormes implicaciones sobre cómo los padres podrían ver su papel en los primeros años de vida de sus hijos.

Notar las diferencias entre hombres y mujeres también proporciona un punto de partida para validar que los padres jueguen con sus hijos. Los juegos rudos son un importante elemento en el estilo del cuidado de los padres. Los estudios que se han efectuado con animales han demostrado los beneficios neurológicos de este tipo de juegos, y hay conexiones plausibles entre este tipo de interacción y la competencia social y emocional de los niños. El papel de un padre en el entrenamiento, guía y apoyo de sus hijos, no se restringe a jugar con ellos de este modo; pero esta actividad, que es típicamente un punto de interés para los padres, es un excelente ejemplo de cómo las diferencias entre los progenitores pueden beneficiar al niño. También es un ejemplo de cómo un enfoque de la paternidad impulsado por el temor no suele ser lo mejor para los niños.

El carácter biológico y social del padre, lo equipa para ofrecer una perspectiva alternativa al enfoque basado en el miedo propugnando la seguridad a todo coste. Esta recomendación del juego activo, concretamente de los juegos al aire libre, también puede llevarlo más allá del hogar, llegando a influir en la comunidad y en la sociedad hacia un enfoque más equilibrado del riesgo. También hay otros puntos, como la obesidad infantil, en la que los padres tienen más influencia de la que tradicionalmente se les permitía, y por tanto, podrían ser un catalizador para un cambio que beneficie el bienestar de los niños en particular y de las familias en general.

La evolución de la paternidad masculina en el *Homo Sapiens* nos muestra que los hombres son también capaces de ocuparse de sus hijos. Nos muestra que los padres pueden formar un equipo con la madre en el cuidado de los hijos y que ambos pueden pasar esta información a sus hijos para que cuando estos crezcan suministren, a su vez, un ambiente seguro y feliz donde sus propios hijos puedan crecer.

Para mí, el aspecto más sorprendente de la paternidad son los sentimientos de satisfacción que obtengo al ver a mis hijos crecer y convertirse en individuos nuevos, completos, e increíbles. Yo siempre comprendí que los padres quisiesen a sus hijos, pero no esperaba el enorme placer de observarlos gatear, caminar, sonreír, competir, bailar, correr, jugar en un equipo y comprender las cosas. Nadie me preguntó, cuando era joven, qué significaba la paternidad para mí, pero si lo hubieran hecho seguramente me habría imaginado siendo serio, quizás apasionado, y definitivamente, protector de mi familia. Seguramente no habría adivinado que la paternidad me proporcionaría tal abundancia de diversión y risas, ni que mis hijos se convertirían en mis maestros sobre cómo disfrutar de la vida y cómo jugar.

Si pensamos en ello, los padres tenemos la suerte de tener la diversión y el placer como algo fundamentalmente unido a nuestro éxito en la creación de vínculos con nuestros hijos. La descripción de nuestra labor como padres es maravillosa: «¡sal fuera con tus hijos y diviértete!»

Los padres ahora tenemos a nuestra disposición una gran cantidad de información sobre cómo nuestras interacciones con nuestros bebés y niños pequeños favorecen el desarrollo de sus habilidades mentales y físicas. Incluso se nos sugiere cómo asegurarnos de que las conexiones que hacemos sean las mejores para su desarrollo. Pero aún hay un montón de cosas que no sabemos. A pesar de lo admirables que fueran nuestros padres cuando nos educaban, no llevaron a cabo su paternidad en el mismo mundo al que ahora nos enfrentamos. Tenemos la misión de forjar un nuevo modelo de paternidad, algo que llevaremos a cabo con la ayuda de nuestras parejas e hijos, así como de otros padres. Es un placer para mí estar contigo en este apasionante proyecto.

Notas

1. N. Del T. – Al hablar del ser padre, o «padres», en plural, el autor se referirá siempre a la figura masculina de la pareja de progenitores.
2. N. del T. - Se denominan *neuronas especulares* o *neuronas espejo* a una cierta clase de neuronas que se activan cuando un animal o una persona desarrolla la misma actividad que está observando ejecutar por otro individuo.
3. «Neurocientíficos, psiquiatras, enfermeras, psicólogos, pediatras, matronas, y otra buena cantidad de investigadores han tardado más de cincuenta años en darnos...» Para más reseñas respecto a los vínculos entre una madre y su bebe, leer la novela «Becoming Attached, First Relationships and How they Shape Our Capacity to Love», de Karen R. Oxford UP, New Cork 1998.
4. «Un exhaustivo estudio comparó dos de estas instituciones, una en la que los bebés recibían los cuidados» Weil JL «Early Deprivation in Childhood» Universidad de Internacional Universities Press, Madison, Conneticut, 1992.
5. «Un emperador descubre la vinculación» Langmeier J, Matejec Z, «Psychological Deprivation in Childhood», Universidad Queensland Press, Queensland, Australia,1975 p1

6. «**Pero posteriores evidencias demostraron que esta estimula-ción...**» «A two-year-old goes to Hospital» Procedimientos de la Real Sociedad de Medicina, 1953, pp425-427. Robertson relata su experiencia en los cambios de las prácticas hospitalarias para reconocer los efectos de la separación de los bebés de sus madres en «Separation and the Very Young» Robertson, James, Robertson, Joyce, Free Association Books, Londres, 1989. También hay un sitio web para las películas filmadas en Roberson Films, http://www.robertsonfilms.info

7. «**En 1958, la Asociación de Psicología Americana mostró unas grabaciones...**»Harlow HF, «The Nature of Love», Psicología Americana, 1958, 13 pp.673-685

8. «**Amor Paterno-Filial...**» Las citas de este libro proceden de notas, emails, páginas webs y de la documentación de varias investigaciones. La mayoría vienen de las notas tomadas después de las conversaciones de los talleres y programas de trabajo que yo he dirigido con padres y profesionales que trabajaban con padres, o de las entrevistas realizadas durante diferentes proyectos de investigación. Alguna de estas citas también han sido tomadas de varios websites ya contempladas en mis anteriores libros Fletcher R. «The Assessment and Support of New Fathers: Father-infant Attachment as a basis for psychosocial assessmet and support, Vertag, Berlin, 2008». Unas cuantas han sido tomadas de la documentación de algunas investigaciones específicas, y algunas páginas web, y como tales han sido acreditadas.

9. «**Cuando las hembras adultas quedaron embarazadas de manera artificial...**» blue D, «The Monkey Wars», Oxford UP, Londres, 1994.

10. «**Cuando se descubren niños que han estado encerrados en sótanos...**» Igual que la anterior.

11. «**Su mayor descubrimiento fue el de realizar un mapeado completo de cómo los nervios ópticos...**» El discurso de presentación del Premio Nobel de 1981 da una muestra plausible del trabajo de Hubel y Weisal http://nobelprize.org/nobel_prizes/laureates/1981/presentation-speech.html . También encontramos una pequeña biografía de Hubel en http://www.answers.com/topic/david-h-hubel. Para más detalles de su investigación, ver Hubel DH, Weisel

T.N, «Brain and Visual Perception: The Store of a 25-Year Collaboration»; Oxford UP, Oxford 2004.

12. **«Esto significó que los científicos pudieran mapear las funciones del cerebro con mayor detalle...»** Cahill L,. «His Brain, Her Brain» Scientific American, 2005, 292 pp 40-47

13. **«Cuando un catastrófico experimento político en Rumanía...»** Tras la caída del régimen, hubo una amplia cobertura de los medios sobre la situación de los orfanatos. Como parte de los esfuerzos internacionales en pos de solucionar las terribles condiciones en las que se encontraban los huérfanos, los servicios de salud, así como muchos investigadores se encargaron de documentar sus condiciones y progresos. Ver el informe del Estudio de Grupo de la Colaboración de Cuidados de la Salud para el Niño «El sistema de la salud y la seguridad social rumano para niños y familias: Las direcciones futuras en la Reforma de los servicios de Salud». «British Medical Journal» 1992, 304, pp556-559. Para una cobertura más detallada sobre «The Decade of the Brain», leer los libros de Allan Shore. No son fáciles asimilar, pero recopilan todos los conocimientos al respecto de una manera muy convincente. Leer, por ejemplo, el título «Affect Regulation an the Origin of the Sel: The Neourology of Emocional Development», L. Erlbaum Associates, Hove, 1994. También hay una versión abreviada en el título «Effects of a Secure Attachment Relationship o Right Bright Development, Affect Regulation and Infant Mental Health», Infant Mental Health Journal, 2001, 22 (1-2), pp.7-66. Para los efectos del aislamiento en los huérfanos, y los cambios de la estructura cerebral, leer el título de Beckett C, Maughan B, Rutter M, Castle J, Colvert E, Groohues C, Kreppner K, Stevens S, O'Conot TG, Sonuga-Barke EJS «Do the effects of early severe deprivation on cognition persist into early adolescence? Finding from the English to Romanian adoptees study», Child Development, 2006, 77 (3) pp. 696-711. Y Chugani HT, Behen ME, Muzik O, Csaha Juha C, Nagy F, Chugani DC,. «Local Brain Functional Activity Following Early Deprivation: A Study of Postinstitutionzalized Romanian Orphans», NeuroImage 2001. 14, pp1290-1301

14. **«Un padre escribió esta súplica en una página web sobre padres primerizos...»** Cita tomada del libro de Fletcher R, «The

assesment and support of new fathers: Father-Infant attachment as a basis for psychological assessment and support», Verlag, Berlin, 2008 p.120

15. **«El nivel de una hormona clave (que no es otra cosa que un mensajero químico) llamada cortisol estará alto por la mañana...»** Para más información sobre los ritmos circadianos, leer el título *Weerth C, ZijRH, Bultelaar JK* «Development of circadian rhytm in infancy», Early Human Development, 2003, 7, pp 39-52. Para más información sobre el cortisol en los infantes, leer el título Sims M, Guilfoyle A, Parry T, «What Children's Cortisol Levels tell us about quality in childcare centres», Australian Journal of Early Childhood, 2005, 30, 2, pp. 29-39, así como la conexión que hay entre los cuidados del niño y el desarrollo del cerebro, leer Cassidy J, «The Nature of Child's Ties», en Cassidy J. Shaver PR, ed.s, «Handbook of Attachment: Theory Research and Clinical Applications» The Guildford Press, New Yor, 1999, pp.3-20.

16. **«A lo largo de estos cuarenta años, los investigadores han descubierto que los padres y los hijos forman dos tipos básicos de vínculos»** Ainsworth M, «The Development of infant-mother attachment», in, Caldwell BM, Ricciuti HF, ed.s, REview of Chile Development Research Vol. 3, Universidad de Chicago, Chicago 1973, pp. 1-94.

17. **«Los progenitores que reaccionan a los lloros del niño como si éstos no importaran terminan teniendo un vínculo sin fuerza»** Bornstein M, Tamis-Lemonda C. «Material responsiveness and cognitive development in Chilend», in, Bornstein MD, ed, «Maternal Responsiveness, Characteristics and consequences, Jossey Bass, San Francisco, 1989, pp-49-61

18. **«A lo largo de estas últimas cinco décadas, los estudios han demostrado un importante beneficio de la vinculación...»** Van der Berg CI, Hol T, Everts H, colas Jm, Van Ree JM, Spuijit BM, «Play is indispensable for an adequate development of doping with social challenges in the rat», *Development Psychobiology*, 1999, 34 pp129-137. También ver, para la neurociencia, Panksepp J, «Rough-and-Tumble Play»: A fundamental Brain Process», in MacDonald K, ed,

Parent-Child Play: Descripctions and Significations, State University of New York Press, New York, 1993.

19. **«Los estudios de James Heckman, ganador del Premio Nobel de Economía, muestran que los factores...»** Heckman J, «Skill Formation and the Economics of Investing in Disvantaged Children», Science, 2006, 312, pp.1900-1902

20. **«Este tipo de situaciones ha quedado documentada por fotógrafos como parte del entrenamiento profesional para enfermeras y doctores...»** Por ejemplo, el DVD *Hello Dad*, producido por *Good Beginnings* (una fundación de beneficiencia) y el Instituto de Psiquiatría NSW, el cual podemos solicitar por la página web del instituto institute@nswio.nsw.ed.au

21. **«Si bien hay claras evidencias emergentes de algunos cambios a nivel hormonal entre los padres...»** Storey A.E, Walsh C.A, Quitonc R.L, Winne-Edwards K.E *Hormonal correlates of paternal responsiveness in new y expectant fathers*, Evolution and Human Behavior, 2000, 21 (2) pp70-95.

22. **«En Dinamarca, un político disfrutó de la fascinación de ver el «desarrollo cerebral» de su tercer hijo...»** *Leer Men Do it! Stories of fathers on parental loeave,* http://www.jafnretti.is/d10/_files/men%20do%20it.pdf

23. **«Y eso es lo que nos dice la ciencia»** Slade A., *Parental Reflective Functioning: An Introduction, Attachment & Human Development,* 2005 7(3) pp269-281

24. **«El descubrimiento de las neuronas espejo...»** Blakesleo A,. *Cells that mad minds*, New York Times, 10th January 2006. Ver: http://www.nytimes.com/2006/01/10/science/10mirr.html

25. **«El equipo entonces dio con otro descubrimiento aún más impresionante. Las neouronas también se encendían si el mono conoce la intención del acto...».** Para más información sobre las células espejo, leer «Itizzolatti G., Leonardo G., Vittorio G., *Mirrors in the minds.* Scientific American 2006, 295(5), pp 54-61

26. **«La posible carencia de estas células espejo puede explicar por qué algunos niños, como aquellos que sufren de autismo...»** Para recabar mayor información sobre el proceso consistente en reconocer a otras personas, leer Iacoboni M, *Mirroring People; The*

new science of how we connect with other, Straus and Giroux, New York, 2008 Y para un estudio detallado y completo de las implicaciones teóricas (filosóficas) de los descubrimientos dentro de este área de la investigación cerebral, leer Bizzolani G. Sinigaglia C,. *Mirrors in the Brain: How our minds share actions and emotions*, traducido por Frances Anderson, Oxford UP, New York, 2008.

27. **«Jugando al Cucu-Tras...»** Montage D, Walker-Andrews A,. *Peekaboo: A new look at the infant's perception of emotional expression*, Developmental Psychology, 2001, 47 (6) pp, 816-838

28. **«Las charlas por turnos, el cual se piensa que es un aspecto importante de la comprensión del lenguaje...»** Para ver un ejemplo de las investigaciones sobre el desarrollo del lenguaje y el habla, ver Goldstein MH, Schwade JA, *Social feedback to infants: Babbling facilitates rapid phonological learning*. Psicological Sciene, 2008, 19 /(5) pp.515-523. Y para poder leer una pequeña discusión sobre el habla «paternal» hacia los niños, leer Soderstrom M, *Heyond Babytalk: Revaluating the nature and content of speech input to preverbal infants*. Develpmental Review, 2007, 27, pp. 501-532

29. **«Los niños con autismo no siguen este patrón»** Jones W, Carr K, Klin A, *Absence of Preferencial Looking to the Eyes of Approaching Adults Predicts Level of Social Disability in 2 Year-Old Toddlers With Austism Spectrum Disorder*, Archivos Generales de Psiquiatría, 2008, 65 (8), pp946-954

30. **«El juego de la Sintonía: Cómo funciona»** Este ejemplo ha sido adaptado de Tronick EZ, *Emotions and Emotional Communication in infants*, American Psychologist, 1989, 44 (2) p.112-119. Para una lista detallada de los muestras de

31. **«Cuando los progenitores hablan con los bebés, las madres...»** Ruth Feldman R., *Parent-infant synchrony and the construction of shared timing: physiological precursors, developmental, outcomes and risk conditions*, Journal of Child Psychologyand Psychiatry, 2007 48(3/4) pp.329-354

32. **«Cuando David se convirtió en Brenda...»**: Colapinto J, «As Nature Made Him: The Boy Who was Raised as a Girl», HarperCollins, New York 2000. También leer Colapinto J. «Gender Gap: What were the real reasons behind David Retmer's suicide?» en HYPERLINK «http://www.slate.com/id/2101678»http://www.slate.com/id/2101678

33. «**Tal y como informaba la revista *Time* en Enero de 1973...**» Gorman C, «A boy without a Penis» Time, Lunes, 8 de Enero de 1973, p.83

34. «**Tal y como su madre recordó...**» Diamond M, Sinmundson HK, «Sex Reassignment at Birth: Long-term Review and Clinical Implications». Archivos de Medicina pediátrica y adolescente, 1997. 151, pp. 298-304:299

35. «**Siete años después, sus entrevistas fueron publicadas en forma de libro**» Colapinto J, «Gender Gap», al igual que arriba

36. «**Una prueba para comprobar si era la biología o la sociedad la que explicaba las diferencias entre el comportamiento masculino o femenino...**» Connelian J, Baron-Cohen S, Wheelwright S, Barki A, Ahluwatia J, «Sex Diferences in human neonatal social perception» *Infant Behaviour and Development*, 2000, 23 (1), pp.113-118

37. «**pero no sólo afecta a los órganos sexuales. A lo largo de toda la época de gestación, todos los fetos masculinos están sujetos a altos niveles de testosterona...**» Hines M,. «Prenatal Testosterone and gender-related behaviour», European Journal of Endocrinology, 2006, 155, pp.5114-5121

38. «**Los resultados de los estudios realizados sobre estos bebés durante su niñez y madurez son los esperados...**» Hines M, Kauaran FR,. «Androgen and the development of human sex-typical behavior: Rough-and-Tumble play and sex of preferred playmates in children with congenital adreanl hyperplasia (CAH)», Child Develpment, 1994, 65 pp.1042-1053. Si bien las evidencias de los efectos de la testosterona en el desarrollo del cerebro son impresionantes, las hormonas no son las únicas protagonistas de la historia. Seguidamete al proyecto del genoma humano, ahora está tomando registro del fantástico y complejo grupo de interacciones que se da en el material genético mientras toma parte nuestro desarrollo. Si lo piensas con frialdad, cada célula de tu cuerpo tiene material genético masculino y femenino, material que procede la mitad de tu padre, y la mitad de tu madre, así que en cada uno de los casos, la parte masculina del cromosoma, o la femenina, puede ser la dominante. La manera en que se activan y desactivan los genes heredados de tu padre y tu madre es una nueva área a estudiar totalmente nueva y excitante, con lo que implica

el comprender cómo queda afectado cada uno de los aspectos de tu desarrollo por la masculinidad y la feminidad.

39. «**Los resultados de las pruebas realizadas a diferentes edades mostraban que los altos niveles de testosterona durante el embarazo...**» Lutchmaya S, Baron-Cohen S., «Human sex differences in social and non-social looking preferences at 12 months of age», Infant Behavior and Development, 2002, 25, pp319-325. Lutchmaya S, Baron-Cohe s, Raggatt P., «Foetal testosteroneand eye contact in 12-month-old human infants», Infant Behavior and Development, 2002, 25, pp.327-335. También leer Knickmeyer R, Baron-Cohen S, Raggat P, Taylor K, «Foestal Testosterone, social relationships and restricted interests in children», Journal of Child Psychology and Psychiatry, 2005, 46 (2) pp. 198-219. Knickmeyer RC, Baron-Cohen S, «Fetal testosterone, and sex differences», Earyly Human Development 2006, 82, pp.755-760.

40. «**A principios de los años sesenta, en territorio norteamericano, a las mujeres embarazadas que estuvieran dentro de un seguro médico ampliado, se les extraía la sangre para dejarla almacenada durante treinta años...**»Udry R, «Biological limits in gender of construction» American Sociological Review, 2000, 65, pp 443-457.

41. «**los científicos han descubierto un intrigante indicador de los niveles de testosterona durante el embarazo...**» La conexión 2D-4D queda mostrada en estas publicaciones: Lutchmaya S, Baroh-Cohen S, Raggatt P, Knickmeyer R, Manning JT, «2nd to 4th digit ratios, fetal testosterone and estradiol», Early Human Development, 2004: 77, pp 23-28, Manning JT, Hill MR., «Digit Ratio (2D-4D) a spinning speed in boys», American Journal of Human Biology, 2009: 21. pp.210-213. Baileya AA, Hurda PI,. «Finger lenght ratio (2D-4D) correlates with physical aggresion in men, but no in women» Biological Psychology 2005; 68, pp. 215-222. Una interesante exposición que trae luz a la reciente crisis económica queda descrita en: Coates JM, Herbert J,. «Endogenous steroids and financial risk taking on a London trading floor», Proceeding of the National Association for the Advancement of the Science, 2008, 105 (16) pp 6167-6172.

La mano del diagrama incluído es cortesía de Luke Oliver, desde The Family Action Centre.

42. «**Los neurocientíficos han usado las tecnologías más innovadoras de emisión de positrones para medir las reacciones de cerebros masculinos y femeninos expuestos a una serie de películas gráficamente muy violentas**» Cahill L, «His brain, her brain» Scientific American, 2005, 292, pp40-47

43. « **La Sociedad por la Investigación de la Salud sobre la Mujer es un grupo de mujeres, todas eminentes científicos…**» Para leer sobre La Sociedad por la Investagión de la Salud de la Mujer, ir a http:// www.womenhealthresearch.org/site/pageserver?pagename=rf_isis , y para ver que pasos ha tomado la comunidad científica en orden de avanzar en la investigación sobre los nexos entre los cerebros y la salud masculina y femenina, leer la editorial de Pessim J, Marts S, «Sex, Gender, Drugs, and the Brain», Endocrinology, 2005; 146, p.1649

44. «**Para ahondar más en este asunto, se hizo una grabación del llanto de un niño…**» Seifritz E, Exposito F, Neuhoff J, Luthi A, Mustovic H, Dammann G, «Differential sex-independent amygdala response to infant crying and laughing in parents versus nonparentes» Biological Psychiatry, 2003, 54, (12), pp. 1367-1375

45. «**A esto le seguía, por supuesto, la creencia de que los niños y las niñas necesitaban escuelas, profesorado y una educación diferente en según que áreas…**» Leer Brown R, Fletcher R, ed.s «Boys in Schools: Addressing the Real issues-behaviours, values and relationship, Finch, Sydney, 1995, y Harman D, ed. «Boys, The Good News» University of Newcastle, NSW, 2006

46. «**Investigadores de los Estados Unidos han hecho algunas grabaciones donde se recogían imágenes de padres y madres realizando tareas con sus hijos mientras estaban en parvularios o preescolar…**» Red de Investigación de los Cuidados a Recién Nacidos. RICRN «Fathers and mothers' parenting behavior and beliefs as predictors of children's social adjustment in the transition to school» Journal of Family Psychology, 2004, 18)4= pp628-638.

47. «**Un estudio más extenso, también realizado en los Estados Unidos, comparaba la influencia de los padres y las madres con un sueldo bajo a la hora de influir en la manera de pensar**

de sus hijos» Martin A, Ryan RM, Brooks-Gunn J., «The Joint influence of mother and father parenting on child cognitive outcomes at age 5», Early Childhood Reasearch Quaterly 2007: 22, pp. 423-439.

48. **«En el Reino Unido, más de doce mil padres primerizos fueron examinados en busca de síntomas de depresión dos meses después de que se produjeran los partos...**» Ramchadani, P., Stein, A., Evans, J., O'Conno, T.G «Paternal Depression in the postbatal Period and Child Development: A Prospective Population Study», Lancet 2005, 365, pp. 2201-2205

49. **«Un eminente pediatra describía las respuestas del niño hacia su madre y su padre...**» Brazelton B, «Touchpoints; The essential reference guide to your child's emotional and behavioural development» Doubleday, Sydney, 1993 p.79.

50. **«Hay estudios que muestran que los animales de laboratorio que aún son cachorros se ejercitarán (corriendo dentro de una rueda, por ejemplo) simplemente por sentirse libre y salvaje...**» Brazelton B, «Touchpoints: The essential reference guide to your child's emotional and behavioural develpment», Doubleday, Sydney, 1993, p.79

51. **«Este tipo de juegos alcanza su cénit a los nueve o diez años de edad, para luego ir disminuyendo...**» Pellegrini AD., «Elementary School Children's Rough-and-Tumble Play», Early Childhood Research Quaterly, 1989; 4, pp245-260

52. **«En estudios realizados sobre ratas, por ejemplo, las cuales tienen sistemas cerebrales parecidos al humano...**» van den Berg, CL, Hol T, Everts H, Koolhaas JM, van Ree JM, Spruijit BM «Play is indispensable for an adequate development of coping with social challenges in the rat» Development Psychobiology, 1999, 34, pp.129-138. También, leer, para la neurociencia, Panksepp J. «Rough-and-tumble Play: A Fundamental Brain Process», in, MacDonald K, ed, Paren-Child Play: Descriptions and Implications», Universidad de Periodismo de New York, New York, 1993.

53. **«El mismo resultado se encontró cuando las ratas más jóvenes eran criadas en la jaula de las ratas adultas (ya que las ratas adultas...**» Pellis SM y Pellis VC, «Rough-and-Tumble Playa and

the Development of the Social Brain», Current Directions in Psychological Sciene, 2007, 16 (2) pp.95-98.

54. «**Así mismo, existen evidencias que muestran que, tanto niños como niñas que suelen jugar a las peleítas...**» Pellegrini AD, como anteriormente.

55. «**Estudios exploratorios han conseguido encontrar nexos de unión entre la popularidad de los chicos y chicas en la escuela, y la cantidad de tiempo que sus padres...**» Macdonald K., «Parent-child physical play with rejected, neglected and popular boys», Development Psychology, 1987, 23(5), pp.705-711

56. «**Durante el juego de las peleítas, pueden aprender a interpretar expresiones faciales, asi como tensiones y posiciones...**» Pellis SM, y Pellis VC, como anteriormente.

57. «**El uso de los músculos que Jason ejerce a la hora de jugar con su padre acentuará la confianza...**» Brown S., «Play as on organisin principle: Clinical evidence and personal observations», in, Bekoff M, Byers JA, Eds., Animal Play: Evolutionary, Comparative and Ecological Perspectives, Cambridge UP, London 1998, PP.243-259. Blomqvist C., Mello I, Amindin M., «An acoustic play-fight signal in bottlenose dolphins (tursiops truncatus) in human care», Aquatic mammals, 2005; 31 (2) pp.187-194

58. «**Pero cuando hacemos un seguimiento de la vida de un niño desde su primer año de vida a su madurez...**» Temblay R, ed, Developmental Origins of Aggression, The Guilford Press, Nueva York, 2005.

59. «**Mayoría de los niños pequeños que terminan en urgencias por una herida...**» Agran PF, Anderson C, Winn D, Trent R, Walton-Haynes L, Thayer S, «Rates of Pediatric Injuries by 3-Month Intervals for Children 0 to 3 Years of Age», Pediatric, 2003; 111 (6), pp e683-e692.

60. «**Haciéndole ver que es seguro...**» Bowlby, John, «A secure Base: Clinical applications of attachment theory», Routledge, Oxford, 1988

61. «**La creatividad de los padres...**» Leer la nota «Father-baby love», además, citamos Guraian M, The minds of Boys: Saving our Sons from Falling Behind in School and Life», Jossey-Bass, San Francisco 2005, p.305

62. **«El punto de vista de algunas madres...»** Leer la nota «Father-baby Love», y también, Gurian M, «The Minds of Boys: Saving our Sons from Falling behind in School and Life», Jossey-Bass, San Francisco, 2005, p.305

63. **«Lo que es menos conocido es que los huesos también se fortalecerán con este mismo ejercicio...»** Fuchs RK, Bauer JJ, Snow CM, «Jumping Improves Hip and Lumbar Spine Bone Mass in Prepubescent Children: A Randomized Controlled Trial», Journal of Bone and Mineral Research, 2001: 16, pp148-156.

64. **«Existen pruebas que demuestran que cuanto más hables al bebé durante la infancia...»** Shonkoff JP, Phillips DA, ed.s «From Neurons to Neighborhoods: The Science of Early Chuldhood Development» National Academy Press, Washington DC, 2000.

65. **«Hay investigaciones que han dado como resultado que los bebés de un año quedan fascinados cuando ven a otros niños...»** Selbya J.M, Bradley B.S, «Infants in Groups: A Paradigm for the Study of Early Social Experience», Humand Development 2003, 46, pp.197-221

66. **«Aprendiendo a hacerse la gran pregunta...»** El efecto del padre preguntándose «Qué estará pensando el niño» se ilustra en el caso del estudio de Fletcher R, «Brief Report: Promoting infant well being in the context of marternal depression by supporting the father», Infant Mental Health Journal, 2009, 30(I), pp95-102

67. **«El conocer cierta información básica sobre como el llanto influye en el desarrollo del niño también ayuda...»** Para conocer más sobre los estudios que dictamina que el responder al llanto del niño hará que éste disminuya, leer Bell SM, Salter Ainsworth MD, «Infant Crying and Maternal Responsiveness», Child Development, 1972; 43 (4), pp. 1171-1190. Para un estudio general sobre por qué los bebés lloran, leer Soltis J., «The signal functions of early infant crying»», Behavioral ad Brain Sciences, 2004; 27 (4), pp.443-458.

68. **«En una serie de interesantes experimentos, un equipo de investigadores suizos dispuso a varias parejas con sus bebés de tres meses en una formación triangular...»** Una descripción más directa de la relación triangular que aquí explicamos se da en el libro de Fivaz-depeursinge E, Favez N., «Exploring Triangulation in

Infancy: Two Contrasted Cases», Family Process, 2006; 45 (1), pp.3-18. Para conocer la importancia de los efectos del triángulo entre la madre, el padre y el bebé (la que llaman la relación «triádica» en la mayoría de los libros), leer el volumen de McHale J, Fivaz-Depeursinge E., «Understanding Triadic and family group interactions during the infancy and toddlerhood», Clinical Child and Family Psychology Review, 1999, 2, pp.107-127.

69. **«Incluso antes del nacimiento...»** Para conocer más sobre el efecto triádico de la interacción antes de que el bebé nazca, leer Fivaz-Depeursinge E., Frascarolo F, Lob-Izraelski R., «Exploring triangular Relationship in infancy», y en Osofsky J, Fitzgerald H, ed.s, WAIMH Handbook of Infant Mental Health, Vol. 3, Wiley, Nueva York, 2000, pp.372-401.

70. **«Algunas madres empiezan a amamantar después del nacimiento, pero abandonan enseguida porque piensan que aquello «no funciona...»** Earle S., «Why some women do not breastfeed: Bottle-feeding and fathers' role», Midwifery 2000: 16, pp.323-330, Scott JA, Binns CW, Graham KI, BSc, Oddy WH., «Termporal Changes in the Determinants of Breastfeeding Initiation», Birth, 2006; 33(1), pp.37-45

71. **«Si nunca has oido hablar de la mastitis...»** Para conocer los efectos de la mastitis, leer Ahluwalia IR, Morrow B, Hsia J., «Why do Women Stop Breastfeeding? Findings from the pregnancy risk», Pediatrics, 2005: 116 pp.1408-1412.

72. **«Pero hay una buena cantidad de maneras físicas de conectar con el bebé, a parte del de alimentarle...»** Tessier R, Charpak N, Giron M, Cristo M, de Calume ZF, Ruiz-Peláez JF, «Kangaroo Mother Care, home environment and father involement in the first year of life: a randomized controlled study», Acta paedtatrica, 2009; 99 (9), pp. 1444-1450.

73. **«No es demasiado tarde – Una madre da una explicación...»** Descargado de http://www.babycenter.com/viecoments.htm?pagesiz e15&startindex15&ccContentTupeARTICLE&ccContentId3692&cc OwnerID

74. **«El número de hijos que tenga una mujer afectará al aspecto de sus pechos, pero no el amamantamiento...»** Rinker B,

Veneracion M, Waish CP., «The Effect of Breastfeeding on Breast easthesics», Aeasthetic Surgery Journal, 2008; (5), pp. 534-537

75. **«Uno de cada siete padres al volver a casa se encontrarán a una esposa que se sentirá una fracasada...»** Leer «Learning to use the big question» ya comentado anteriormente.

76. **«Para los bebés de las zonas industrializadas, la causa de muerte más común durante el primer año...»** En el problema del SMSL y el cambio de cama la opinión oficial está dividida. Las autoridades sanitarias en la mayoría de los paises occidentales advierten tanto a los padres como a las madres de los peligros de dormir con sus bebés, pero al mismo tiempo, se alienta a las madres a que sean más que responsables con sus bebés y atiendan a sus necesidades alimenticias a cualquier hora durante las primeras semanas. McKenna (ver más arriba) es considerado por muchos por ofrecer el consejo más razonable, basándose en las evidencias, ya que se ha preocupado de idear los preparativos por los que el bebé dormirá dentro de un marco en el que mantendrá un contacto físico y emocional con sus padres, a la distancia de un brazo. Para saber más, leer McKenna J, «Sleeping with your Baby: A Parent's Guide to Co-sleeping, Platypus Media, Washington DC, 2007. El papel del padre a la hora de realizar los preparativos para dormir está empezando a ser investigado. Leer Ball H, Hooker E, Kelly PJ., «Parent-Infant Co-sleeping: Fathers' Roles and Perspectives» Infant and Child Development 2000; 9, pp.67.74. Para encontrar un ejemplo de la prevención del SMSL, leer Kinney HC, Thach BT., «The Sudden Infant Death Syndrome». New England Journal of Medicine, 2009; 361, pp. 795-805 o acudir al American Sudden Deah Syndrome Institute, en http://www.sids.org. Las cifras australiatas de muertes por SMSL se dan en «SIDS and kids 2003», «SIDS in Australia 1981-2000: A statistical overview», disponible en www.sidesandkids.org

77. **«Según nuestros datos, una de cada cinco parejas consiguen solucionar el problema en un mes...»** Radestad 1m Olsson A, RNM, Nissen E, Rubertsson C., «Tears in the Vagina, Perieum, Sphincter Ani, and Rectum and First Sexual Intercourse after Chuldbirth: A Nationwide Follow-up», Birth 2008; 35(2), pp. 98-108.

78. «A lo largo de toda la civilización occidental, los niños han empezado a padecer de sobrepeso y obesidad a un ritmo alarmante...» Sanigorski AM, Bell C., Kremer PJ., Swinburn B., «High childhood obesity in an Australian population». Obesity, 2007, 15, pp. 1908-1912. International Obesity Taskforce with the European Childhiid Obesity Group, «Obesity in Europe» IOTF: Copenhagen, 2002. Ver: http://www.iotg.org/media/euobesity.pdf

79. «La obesidad no es simplemente una cuestión de apariencia...» Reilly JJ «Obesity in childhood and adolescence: evidence-based clinical and public health perspectives», Postgraduate Medical Journal 2006; 82, pp 429-437.

80. «En el Reino Unido, por ejemplo, el número de niños que van andando a la escuela...» Pangrazi RP, Raustorp A, Tomson M, Cuddihy TF., «Activity levels and body mass index of children in the United States, Sweden, and Australia», Medicine and science in sports and excercise, 2003. 35(88), pp. 1367-1373 Hillman M, Adams J, Whitelegg J., «One False Move: A study of Children's Independent Mobility», Policy Studies Institue, Londres, 1990.

81. «Los padres son más propensos que las madres a ver las heridas recibidas como algo importante para el niño, algo que lo «endurecerá» mentalmente y físicamente...» Lewis T., DiLillo D., Petersol L., «Parental Beliefs Regarding Developmental Benefits of Childhoo Injuries», American Journal of Health Behavior, 2004: 28, pp. 561-568.

82. «por ejemplo, el temor a las arañas, el miedo más común en la sociedad occidental...» Davey GCL, «Characteristics of individuals with fear of spiders», Anxiety Research, 1992; 4, pp. 299-314.

83. «El director general de la Sociedad Inglesa para la Prevención de Accidentes dijo...» Woolcock N., «Para los niños, es bueno que se hagan un poco de daño jugando» dijo el Director . The Times, 12 November 2007, ver: http://www.timesonline.co.uk/to1/news/uk/article2852678.ece

84. «La proporción en la que el padre es el blanco de los chistes se multiplica por dos a lo largo de ese periodo» Scharrer E., «From Wise to Foolish: The Potrayal of the Sitcom Father, 1950s-1990s» Journal of Broadcasting and Electronic Media, 2001; 45pp.

23-40, Cantor PA., «The Simpsons: Atomistic Politics and the Nuclear Family», Political Theory, 1999; 27(6), pp 734-749.

85. **«Analizando hasta doscientos libros de ilustraciones para niños en busca de estereotipos...»** Anderson DA, Hamilton M., «Gender Role Stereotyping of Parents in Children's Picture Books: The Invisible Father», Sex Roles, 2005; 52 (3/4), pp. 145-151

86. **«Cuando un importante grupo mediático analizó en el 2003...»** McNamara J, «Media and Male Identity», Palgrave McMillan, Reino Unido, 2006.

87. **«A pocos de nosotros nos gustaría que nuestros esfuerzos paternales fueran comparados con los del pingüino emperador...»** Jeffrey M, «The Emperor's Embrace: Reflections on animal families and fatherhood», Pocket Books, London, 1999. Williams T, «The Penguins: Sphentsctdae», Oxford UP, Oxford, 1995.

88. **«Desde la primera vez que evolucionó nuestra reproducción sexual...»** Cronin H, «The Battle of the sexes revisited» in Grafen A, Ridley M, ed.s «Richard Dawking: How a scientist changed the way we think» Oxford UP, Oxford, 2006, pp14-27: 17.

89. **«Y, por cierto, aproximadamente el noventa por ciento de las más de nueve mil especies de aves de la tierra...»** Clutton-Brock T, The Evolution of Parental Care, Princeton UP, New Jersey, 1991

90. **«Un lobo macho y su pareja fueron observados mientras criaban a su primera camada de cachorros...»** Mech D, Boitani L, eds, «Wolves: behavior, ecology and conservation», Universidad de Chicago, Chicago, 2003. Jeffrey M, «The Emperor's Embrace», p.43

91. **«Detallados registros de los grupos de cazadores y recolectores que viven actualmente en América del Sur...»** Gangestad S, Simpson J «The Evolution of Mind» ed.s, The Guilford Press, 2007. También leer Kaplan H, Hill K, Lancaster J, Hurtado AM «A Theory of Human life History Evolution: Diet, Intelligence, Longevity», Evolutionary Anthropology, 2000; 9 (4) 156-185. Dunbar RIM, «The Social Brain: Mind, language and socienty in evolutionary perspective», Annual Review of Anthropology; 2003; 32, pp. 163-181.

92. **«La compleja organización social, la organización de los padres y madres en pareja dentro de los grupos...»** Para una explicación de la evidencia (y profundizar en ella) que rodea a la evolución

del vínculo de pareja, leer Quinlan Rj., «Human Pair-Bonds: Evolutionary Functions, Ecological Variation, and Adaptive Developent», Evolutionary Anthopology, 2008: 17, 227-238

93. **«El cráneo de un niño de cinco años que mostraba una clara señal de un daño cerebral heredado...»** Para el caso del niño con el daño cerebral, leer Gracia A, Aruaga Jl, Martineza I, Lorenzo C, Carretero JM, Bermu Díez de Castro JM, Carbonell E, «Craniosunostosis in the Middel Pleistocene Human Cranium 14 from the Sima de los Huesos, Atapuerca, Spain», Procedings of the National Academy of Sciene, 2009; 106 (16) 6573-6578. Para poder conocer los efectos generales, leer Hublin J, «The prehistory of compassion» Proceedings of the National Academy of Science 2009; 106 (16) pp. 6429-6430. En una referencia diferente, para una descripción de como utilizamos la idea del «hombre de las cavernas» en un ámbito social o científico, leer Berman JC., «Bad Hair Days in the Paleolithic: Modern (Re) Constructions of the Cave Man»

94. **«Los avances en la comprensión de los enlaces entre la genética y nuestro entorno...»** Para conocer el resultado de calcular las diferencias evolutivas entre los humanos y los chimpancés, leer Mikkelsen TS «Initial sequence of chimpanzees genome, and comparison with the human genome», Natura, 2005; 437 (1), pp,69-87. Para conocer las habilidades y la apariencia del Homo Erectus, ir a http://www.archaelogyinfo.com/homoerectus.htm

95. **«Los investigadores descubrieron que las camadas de las madres que lamían a sus crías a menudo crecían menos temerosas...»** Meaney MJ, «Maternal care, gene expressión, adn the transmissionof indivifual differences in stress reactivity across generations», Annual Review of Neuroscience, 2001; 24, pp.1161-1192

ÍNDICE

Introducción 7
    La paternidad es cosa de todos 9
1. Vínculos: padres que conectan con sus bebés 11
    La importancia del vínculo 13
    El ingrediente especial en una relación de vínculo 15
    El vínculo no depende del amamantamiento 16
    El vínculo es primordial para el desarrollo del cerebro 20
    El cortisol y el desarrollo del cerebro 26
    Cualquier tipo de vínculo no sirve 28
    Conclusiones 37
2. Los entresijos de la vinculación 39
    Cómo se desarrolla un vínculo paterno-filial 41
    ¿Imitar?... eso sí que requiere de habilidad 45
    Jugando al Cucu-Tras25 49
    Correr riesgos de manera segura 55
    Conclusiones 57
3. La paternidad y el cerebro masculino 59
    Géneros diferentes, cerebros diferentes 64
    Las diferencias no acaban aquí 71

De acuerdo, hay diferencias. ¿Y ahora qué? 75

Preparando a tu hijo para ir a la escuela 80

Cuando el padre no lo hace bien 82

Estamos juntos en esto 84

La paternidad y la masculinidad 85

Conclusiones 87

4. LOS MÚLTIPLES BENEFICIOS DE LOS JUEGOS PATERNOS 89

Los bebés saben de papás y sus juegos... 90

El juego de «las peleitas» 92

Los beneficios de jugar a «las peleitas» 93

Lo que se va aprendiendo 98

Dos problemas importantes 112

No todos los niños quieren jugar a «las peleitas» 120

Conclusiones 124

5. EL PAPEL DEL PADRE 127

El papel del padre con los niños 128

El papel del padre con una madre que amamanta 137

El papel del padre cuando la madre está deprimida 140

El azote del SMSL 144

Consejos sobre sexualidad para los padres novatos 146

El papel del padre con los otros padres 148

El papel de un padre con los niños
(que algún día serán padres) 151

El papel del padre como hombre de acción 156

Conclusiones 164

6. EL VALOR DE LOS PADRES 167

Los padres como bufones sin presencia 168

El valor del padre, una reunión reveladora 174

Conclusiones 181

7. LA EVOLUCIÓN DE LA PATERNIDAD 183

¡Los «padres pingüino» están justo ahí! 185

Leones y lobos 187

Los humanos 189

Acelerando 193

Conclusiones 197

Finalizando nuestro viaje juntos 199

Notas 203